Coralie

HUGO

RUY BLAS

DRAME

TEXTE INTÉGRAL

Texte conforme à l'édition des Belles Lettres.

Notes explicatives, questionnaires, bilans, documents et parcours thématique

établis par

Georges ZARAGOZA,
agrégé de Lettres modernes,
docteur ès Lettres, maître de conférences
à l'Université de Bourgogne.

Classiques Hachette

Couverture : Laurent Carré

Crédits photographiques :
p. 4 : © Bulloz.
pp. 8, 9, 82, 92, 154, 176, 179, 193, 195, 213, 220, 271 : © photothèque Hachette.
pp. 15, 17, 41, 52, 63, 67, 78, 88, 107, 111, 113, 115, 127, 138, 172, 181, 201, 234 : © Bernand.

ISBN : 2-01-169181-8
www.hachette-education.com

SOMMAIRE

Victor Hugo. *Gravure de Louis Boulanger (1837).*
Maison de Victor Hugo, Paris.

Trop souvent, l'image que l'on a de Victor Hugo est celle de ce beau vieillard aux cheveux blancs, courts et hirsutes qui, depuis l'exil, est devenu une sorte de conscience politique pour la France. Mais le Victor Hugo qui compose Ruy Blas *est tout autre ; c'est un homme de trente-six ans. Il a déjà beaucoup écrit, tant sur le plan dramatique et poétique que sur le plan romanesque. C'est un écrivain de renom dont le pouvoir politique d'alors, la monarchie de Juillet, cherche à s'attirer le soutien. Cependant, il traverse une période assez sombre de sa vie, une période charnière, pourrait-on dire. C'est l'époque de la rupture avec Sainte-Beuve ; après la période exaltée et exaltante, où l'amitié se nourrissait du combat pour le triomphe de la jeune école romantique, les désaccords apparaissent à la fois sur le plan intellectuel et privé. Le critique ne soutient plus le poète : il n'assistera pas à la première représentation de* Ruy Blas, *mais cependant critiquera la pièce. Victor Hugo éprouve alors probablement une impression de solitude. Cela est d'autant plus vrai qu'il vient aussi de perdre son frère, Eugène. Celui qui avait partagé toutes les joies de l'enfance (« doux et blond compagnon de toute mon enfance ») vient de mourir à l'asile de Charenton, où il était interné. Hugo ressent une douloureuse impression d'injustice et perçoit son succès comme une faveur dont son frère a été frustré.*

Le 2 octobre 1837, il compose son épitaphe où il emblématise la relation humaine par le « baiser de Judas ».

*Sur le plan littéraire, et principalement au théâtre – le lieu de consécration par excellence –, Victor Hugo sait très bien qu'il n'a pas acquis la gloire dont il rêve. Certes, le triomphe d'*Hernani *lui a permis d'accéder à une réussite réelle en ce domaine, mais il doit confirmer cette réussite ; or toutes les pièces suivantes sont au mieux des succès d'estime. Il lui faut donc prouver que le succès de son premier drame espagnol n'était pas le fruit d'heureux hasards.*

Il faut ajouter que, sur le plan sentimental, le climat est tout aussi difficile : les liens avec sa femme Adèle se sont distendus et sa liaison avec Juliette connaît également des jours sombres. C'est dans cette atmosphère de doute et de pessimisme que Hugo conçoit et écrit Ruy Blas. *Lui-même l'oppose à* Hernani *sur le plan historique : « Dans* Hernani, *le soleil de la maison d'Autriche se lève ; dans* Ruy Blas, *il se couche. » Nous pourrions prolonger ce parallèle dans un domaine plus personnel :* Hernani, *c'était le temps des enthousiasmes, du combat qui soude les êtres,* Ruy Blas, *c'est le temps des bilans amers, des désillusions et des trahisons.*

DATES	AUTEURS	ŒUVRES
1767-1769	G. E. Lessing	*Dramaturgie de Hambourg*
1778-1783	Le Tourneur	Traduction de l'œuvre de Shakespeare
1781	F. Schiller	*Les Brigands*
1801	F. Schiller	*La Pucelle d'Orléans*
1809	B. Constant	Adaptation de *Wallenstein* de Schiller
1821	W. Shakespeare	Premières représentations de ses pièces à Paris
1823	Stendhal	*Racine et Shakespeare*
1823-1825	A. Manzoni	*Lettre sur l'unité de temps et de lieu dans la tragédie*
1827	V. Hugo	*Cromwell*
1827-1828	W. Shakespeare	Joué à Paris par une troupe anglaise
1829	A. de Vigny	*Le More de Venise* (d'après *Othello* de Shakespeare)
1829	A. Dumas	*Henri III et sa cour*
1830	V. Hugo	*Hernani ou l'Honneur castillan*
1830	A. de Musset	*La Nuit vénitienne*
1831	H. Latouche	*La Reine d'Espagne*
1831	V. Hugo	*Marion de Lorme*
1831	A. de Vigny	*La Maréchale d'Ancre*
1831	A. Dumas	*Antony*
1832	A. Dumas	*La Tour de Nesle*
1832	V. Hugo	*Le Roi s'amuse*
1833	V. Hugo	*Lucrèce Borgia*
1833	V. Hugo	*Marie Tudor*
1833-1834	A. de Musset	Publication de *Un spectacle dans un fauteuil (Andrée del Sarto ; Les Caprices de Marianne)*
1834	G. Büchner	*La Mort de Danton*
1834	A. de Musset	*On ne badine pas avec l'amour ; Lorenzaccio*
1835	Cordellier et Delanoue	*Cromwell et Charles Ier*
1835	V. Hugo	*Angelo, tyran de Padoue*
1835	A. de Vigny	*Chatterton*
1836	A. Dumas	*Kean, ou Désordre et génie*
1836	G. Büchner	*Woyzeck* (texte retrouvé en 1875)
1838	V. Hugo	*Ruy Blas*
1843	V. Hugo	*Les Burgraves*

Ruy Blas est-elle une pièce datée, ce qui la réduirait à un objet d'études pour spécialistes ? Le héros éponyme est-il un être dans lequel on puisse encore investir quelque chose de soi ?

Le drame de Hugo est une œuvre faite pour les planches, pour les voix, pour les corps. Elle est d'une réelle et belle efficacité, et les comédiens qui ont la charge de lui donner existence doivent réussir à nous faire trembler pour la reine, à nous faire haïr l'odieux Salluste, à nous faire admirer et plaindre le héros, à nous séduire par la composition pittoresque et empanachée de César. Cela ne veut pas dire que ces personnages soient simples, comme on a voulu le croire, ou le faire croire : ils sont grands, ils ont du relief. Et l'intrigue qui naît de leur relation fonctionne admirablement ; cela ne veut pas dire, non plus, que tout soit vraisemblable.

Mais tout, en revanche, est cohérent et le spectateur contemporain ne peut que se laisser prendre à cette admirable « machine » dramatique. Sans commettre l'erreur des « relectures » intempestives qui croient enrichir un texte en le mettant en scène avec décalage d'époque systématique, on peut s'interroger sur ce que nous dit l'étrange histoire de ce laquais que le hasard et la malignité de son maître portent aux plus hautes responsabilités de l'État. Il vit un rêve, celui de pouvoir être l'homme qui fait le bonheur de son pays alors qu'il est né dans le peuple, celui de pouvoir aimer la femme vers laquelle tout le pousse, fût-elle reine d'Espagne alors qu'il est laquais. Ruy Blas accède à un statut où tout devient possible, même les rêves les plus fous. Certes, l'issue est fatale et le réveil mortel ; mais peu importe, la voix de l'idéal a eu l'occasion de s'exprimer. Face à la cupidité de l'ambition, aux tares du pouvoir sclérosé, aux rapports humains fondés sur l'envie et la soif de détruire l'autre, Ruy Blas nous fait entendre la voix de celui qui croit que la politique, c'est servir l'État, donc le peuple, et non se servir ; la voix de celui qui croit que l'amour est avant tout don et non possession.

Idéaliste Ruy Blas ? Bien sûr, mais c'est l'entêtement des idéalistes qui finit par avoir raison des sceptiques, des sages, des prudents. Idéaliste Hugo ? Bien sûr, mais c'est parce qu'il est habité de la conviction que le théâtre est le lieu où communie une nation, parce qu'il refuse un théâtre de l'intellect froid et qu'il ne cesse d'affirmer sa foi dans un grand théâtre populaire, car l'artiste est au service du peuple, tout comme le ministre.

A

5 juillet 1838

100

77

le salon de Danaé dans le palais du roi, à Madrid.
ameublement magnifique dans le goût demi-flamand
du temps de Philippe IV. à droite et à gauche
de grandes fenêtres à châssis dorés et à petits carreaux
des deux côtés une porte percée, donnant dans quelque
appartement intérieur.
au fond une grande cloison vitrée à châssis dorés
s'ouvrant par une large porte également vitrée sur une
longue galerie. cette galerie qui traverse tout le
théâtre est marquée par d'immenses rideaux qui
tombent du haut en bas de la cloison vitrée.

Scène première

Don Salluste de Bazan. Ruy Blas.

Don Salluste, vêtu de noir, costume de cour du
temps de Charles II. la toison d'or au cou.
par dessus l'habillement noir, un riche manteau
de velours clair, brodé [illegible] d'or
doublé de satin noir. épée à grande coquille.
chapeau à plumes.
Ruy Blas, en livrée. haut-de-chausses blanc.
juste au corps rouge. surtout galonné aux couleurs
de la maison de Bazan. tête nue, sans épée.

Don Salluste.
(Il [illegible] la petite porte de gauche, suivi de Ruy Blas)
Ruy Blas, fermez la porte. — ouvrez cette fenêtre.

Manuscrit de Ruy Blas *avec une esquisse de décor, pour le premier acte, par Victor Hugo. Paris, Bibliothèque nationale.*

RUY BLAS

DRAME

PAR

VICTOR HUGO

MILAN

CHEZ L'IMPRIMERIE ET LA LIBRAIRIE BONFANTI

1838

Page de titre de la première édition, en 1838.
Bibliothèque de l'Arsenal, Fonds Rondel.

PERSONNAGES

Ruy Blas
Don Salluste de Bazan, marquis de Finlas
Don César de Bazan, comte de Garofa
Don Guritan
Le comte de Camporeal
Le marquis de Santa-Cruz
Le marquis del Basto
Le comte d'Albe
Le marquis de Priego
Don Manuel Arias
Montazgo
Don Antonio Ubilla
Covadenga
Gudiel
Un laquais
Un alcade•
Un huissier
Un alguazil•
Un page
Doña Maria de Neubourg, reine d'Espagne
Casilda
La duchesse d'Albuquerque
Une duègne•

Dames, seigneurs, conseillers privés, pages, duègnes, alguazils, gardes, huissiers de chambre et de cour.

Madrid. – 169...[1]

Les mots suivis d'une puce ronde (•) sont expliqués dans le lexique, pp. 270-271.

1. La critique a pu dater précisément les actes de la façon suivante : acte I, 28 mai 1698 ; acte II, 29 juin 1698 ; acte III, 29 décembre 1698 ; acte IV, 30 décembre, le matin ; acte V, 30 décembre, le soir.

ACTE I

DON SALLUSTE

Le salon de Danaé[1] *dans le palais du roi, à Madrid. Ameublement magnifique dans le goût demi-flamand du temps de Philippe IV*[2]*. À gauche, une grande fenêtre à châssis doré et à petits carreaux. Des deux côtés, sur un pan coupé, une porte basse donnant dans quelque appartement intérieur. Au fond, une grande cloison vitrée à châssis doré s'ouvrant par une large porte également vitrée sur une longue galerie. Cette galerie, qui traverse tout le théâtre, est masquée par d'immenses rideaux qui tombent du haut en bas de la cloison vitrée. Une table, un fauteuil, et ce qu'il faut pour écrire. Don Salluste entre par la petite porte de gauche, suivi de Ruy Blas et de Gudiel, qui porte une cassette et divers paquets qu'on dirait disposés pour un voyage. Don Salluste est vêtu de velours noir, costume de cour du temps de Charles II. La toison d'or• au cou. Par-dessus l'habillement noir, un riche manteau de velours vert clair, brodé d'or et doublé de satin noir. Épée à grande coquille. Chapeau à plumes blanches. Gudiel est en noir, épée au côté. Ruy Blas est en livrée. Haut-de-chausse• et justaucorps• bruns. Surtout• galonné, rouge et or. Tête nue. Sans épée.*

SCÈNE I. DON SALLUSTE DE BAZAN, GUDIEL; *par instants* RUY BLAS

DON SALLUSTE

Ruy Blas, fermez la porte, – ouvrez cette fenêtre.

Ruy Blas obéit, puis, sur un signe de don Salluste, il sort par la porte du fond. Don Salluste va à la fenêtre.

---

1. *salon de Danaé* : cette salle n'existe pas au palais du roi à Madrid. Peut-être est-ce le souvenir d'un tableau de Titien?
2. *Philippe IV* : père du roi Charles II.

Ils dorment encor[1] tous ici. – Le jour va naître.
Il se tourne brusquement vers Gudiel.
Ah ! c'est un coup de foudre !... – oui, mon règne est [passé,
Gudiel ! – renvoyé, disgracié, chassé ! –
Ah ! tout perdre en un jour ! – L'aventure est secrète
Encor. N'en parle pas. – Oui, pour une amourette,
Chose, à mon âge, sotte et folle, j'en convien[2] –
Avec une suivante, une fille de rien !
Séduite, beau malheur ! Parce que la donzelle
Est à la reine, et vient de Neubourg avec elle,
Que cette créature a pleuré contre moi,
Et traîné son enfant dans les chambres du roi :
Ordre de l'épouser. Je refuse. On m'exile.
On m'exile ! Et vingt ans d'un labeur difficile,
Vingt ans d'ambition, de travaux nuit et jour ;
Le président haï des alcades• de cour,
Dont nul ne prononçait le nom sans épouvante ;
Le chef de la maison de Bazan, qui s'en vante ;
Mon crédit[3], mon pouvoir ; tout ce que je rêvais,
Tout ce que je faisais et tout ce que j'avais,
Charge, emplois, honneurs, tout en un instant s'écroule
Au milieu des éclats de rire de la foule !

GUDIEL
Nul ne le sait encor, monseigneur.

DON SALLUSTE
Mais demain !
Demain on le saura ! – Nous serons en chemin.
Je ne veux pas tomber, non je veux disparaître !
Il déboutonne violemment son pourpoint•.
– Tu m'agrafes toujours comme on agrafe un prêtre !
Tu serres mon pourpoint, et j'étouffe, mon cher !

1. *encor* : licence orthographique fréquente (*cf.* v. 6, 23, etc.).
2. *convien* : licence pour satisfaire la loi classique de la rime orthographique.
3. *Mon crédit* : Mon influence.

Il s'assied.
Oh ! mais je vais construire, et sans en avoir l'air,
Une sape profonde, obscure et souterraine !...
– Chassé ! –
Il se lève.

GUDIEL
D'où vient le coup, monseigneur ?

DON SALLUSTE
De la reine.
Oh ! je me vengerai, Gudiel ! – Tu m'entends !
Toi dont je suis l'élève et qui depuis vingt ans
M'as aidé, m'as servi dans les choses passées,
Tu sais bien jusqu'où vont dans l'ombre mes pensées,
Comme un bon architecte, au coup d'œil exercé,
Connaît la profondeur du puits qu'il a creusé.
Je pars. Je vais aller à Finlas[1], en Castille,
Dans mes États, et là, songer ! – Pour une fille !
Toi, règle le départ, car nous sommes pressés.
Moi, je vais dire un mot au drôle que tu sais.
À tout hasard. Peut-il me servir ? Je l'ignore.
Ici jusqu'à ce soir je suis le maître encore.
Je me vengerai, va ! Comment ? Je ne sais pas ;
Mais je veux que ce soit effrayant ! – De ce pas
Va faire nos apprêts, et hâte-toi. – Silence !
Tu pars avec moi. Va.
Gudiel salue et sort. – Don Salluste appelant.
– Ruy Blas !

RUY BLAS, *se présentant à la porte du fond.*
Votre Excellence ?

DON SALLUSTE
Comme je ne dois plus coucher dans le palais,

1. *Finlas* : nom inventé par Victor Hugo.

Il faut laisser les clefs et clore les volets.

RUY BLAS, *s'inclinant.*
Monseigneur, il suffit.

DON SALLUSTE
Écoutez, je vous prie.
La reine va passer, là, dans la galerie,
En allant de la messe à sa chambre d'honneur,
Dans deux heures. Ruy Blas, soyez là.

RUY BLAS
Monseigneur,
J'y serai.

DON SALLUSTE, *à la fenêtre.*
Voyez-vous cet homme dans la place
Qui montre aux gens de garde un papier, et qui passe ?
Faites-lui, sans parler, signe qu'il peut monter
Par l'escalier étroit.
Ruy Blas obéit. Don Salluste continue en lui montrant la petite porte à droite.
– Avant de nous quitter,
Dans cette chambre où sont les hommes de police,
Voyez donc si les trois alguazils• de service
Sont éveillés.

RUY BLAS
Il va à la porte, l'entrouvre et revient.
Seigneur, ils dorment.

DON SALLUSTE
Parlez bas.
J'aurai besoin de vous, ne vous éloignez pas.
Faites le guet afin que les fâcheux[1] nous laissent.
Entre don César de Bazan. Chapeau défoncé. Grande cape déguenillée qui ne laisse voir de sa toilette que des bas mal

1. *fâcheux* : au sens classique du terme, personne susceptible de troubler les projets du personnage.

tirés et des souliers crevés. Épée de spadassin•. Au moment où il entre, lui et Ruy Blas se regardent et font en même temps, chacun de son côté, un geste de surprise.

DON SALLUSTE, *les observant, à part.*
Ils se sont regardés ! Est-ce qu'ils se connaissent ?
Ruy Blas sort.

Don Salluste (Jean-Claude Drouot) et don César (Étienne Chicot) dans une mise en scène de Georges Wilson, Bouffes du Nord (1992).

Questions

Préparation à la lecture méthodique

• **Vers 1-32 : la tirade de don Salluste**

1. *Précisez la qualité de l'entrée en scène de Salluste : non seulement le rythme, mais également l'expression du personnage, ses gestes.*

2. *Dans le premier vers, quelle est la valeur des ordres qu'il donne, sur le plan dramatique et sur le plan symbolique ?*

3. *En quoi ce passage rend-il compte à la fois d'un événement majeur et d'un tempérament ?*

4. *Dégagez, dans les propos de Salluste, ce qui relève de l'information, puis ce qui relève du commentaire (v. 6-14).*

5. *Vers 14-22 : selon quel procédé cette longue phrase est-elle construite ? Essayez, en la lisant à haute voix, d'en dégager l'acmé. Quel rapport de rythme s'établit entre la partie ascendante et la chute ? Quel effet est recherché par le dramaturge ?*

6. *Le discours de don Salluste s'adresse à Gudiel ; pourquoi pas à Ruy Blas ? Fallait-il vraiment qu'il s'adressât à quelqu'un ? Peut-on le rapprocher d'un monologue d'exposition ?*

7. *Faites une étude de la ponctuation. Quelle valeur a le tiret ? Comparez-le au point. Y percevez-vous, sur le plan du jeu, de la diction, une intention différente ?*

8. *Faites une relevé rapide des jeux sur l'alexandrin : rejet, contre-rejet, enjambement.*

9. *Comment faut-il interpréter (plans linguistique puis dramatique) la répétition de* « on m'exile » *(v. 13-14) ?*

Compréhension

10. *Précisez la qualité du lieu où se déroule ce premier acte. Comment peut-on justifier ce choix ?*

11. *À quel moment du jour se situe l'ouverture du rideau ? Ce choix est-il conforme à l'esthétique classique ? Qu'est-ce qui le justifie ?*

Écriture

12. *Quelle est la qualité de communication entre don Salluste et Ruy Blas dans la première scène ? Quelle forme revêtent les paroles que Salluste adresse à Ruy Blas et vice versa ?*

Mise en scène

13. *Étudiez avec précision, au besoin à l'aide d'un croquis, les déplacements des personnages que signale le texte ; particulièrement ceux de Ruy Blas. Quelle valeur ont-ils ?*

Don Salluste (Paul-Émile Deiber) et don César (Jean Piat) dans une mise en scène de Raymond Rouleau, Comédie-Française (1968).

SCÈNE 2. DON SALLUSTE, DON CÉSAR, *puis* RUY BLAS

DON SALLUSTE
Ah ! vous voilà, bandit !

DON CÉSAR
Oui, cousin, me voilà.

DON SALLUSTE
C'est grand plaisir de voir un gueux comme cela !

DON CÉSAR, *saluant.*
Je suis charmé...

DON SALLUSTE
Monsieur, on sait de vos histoires.

DON CÉSAR, *gracieusement.*
Qui sont de votre goût ?

DON SALLUSTE
Oui, des plus méritoires.
Don Charles de Mira l'autre nuit fut volé.
On lui prit son épée à fourreau ciselé
Et son buffle[1]. C'était la surveille[2] de Pâques.
Seulement, comme il est chevalier de Saint-Jacques[3],
La bande lui laissa son manteau.

DON CÉSAR
Doux Jésus !
Pourquoi ?

1. *buffle* : justaucorps* en peau de buffle (métonymie).
2. *surveille* : avant-veille. Ce détail, uni au vers 750, permet de dater l'acte.
3. *chevalier de Saint-Jacques* : ordre de chevalerie fondé au XIIe siècle sous l'église de Saint-Jacques-de-Compostelle.

DON SALLUSTE

Parce que l'ordre était brodé dessus.
Eh bien ! que dites-vous de l'algarade•?

DON CÉSAR

Ah ! diable !
Je dis que nous vivons dans un siècle effroyable !
Qu'allons-nous devenir, bon Dieu ! si les voleurs
Vont courtiser saint Jacque[1] et le mettre des leurs ?

DON SALLUSTE

Vous en étiez !

DON CÉSAR

Eh bien, – oui ! s'il faut que je parle,
J'étais là. Je n'ai pas touché votre don Charle[2],
J'ai donné seulement des conseils.

DON SALLUSTE

Mieux encor.
La lune étant couchée, hier, Plaza Mayor[3],
Toutes sortes de gens, sans coiffe et sans semelle,
Qui hors d'un bouge affreux se ruaient pêle-mêle,
Ont attaqué le guet•. – Vous en étiez.

DON CÉSAR

Cousin,
J'ai toujours dédaigné de battre un argousin•.
J'étais là. Rien de plus. Pendant les estocades•,
Je marchais en faisant des vers sous les arcades.
On s'est fort assommé.

1. *Jacque* : licence orthographique pour permettre l'élision.
2. *Charle* : licence pour la rime orthographique.
3. *Plaza Mayor* : construite sous le règne de Philippe III, c'est l'une des plus fameuses places de Madrid ; de forme rectangulaire, elle est bordée de maisons à cinq étages dont le premier repose sur des portiques qui abritent des boutiques. Aux étages supérieurs, des balcons de fer font office de loges pour assister aux festivités qui s'y déroulent (corridas, mais aussi autodafés).

DON SALLUSTE

Ce n'est pas tout.

DON CÉSAR

Voyons.

DON SALLUSTE

En France, on vous accuse, entre autres actions,
Avec vos compagnons à toute loi rebelles,
D'avoir ouvert sans clef la caisse des gabelles[1].

DON CÉSAR

Je ne dis pas. – La France est pays ennemi.

DON SALLUSTE

En Flandre, rencontrant dom[2] Paul Barthélemy,
Lequel portait à Mons[3] le produit d'un vignoble
Qu'il venait de toucher pour le chapitre• noble,
Vous avez mis la main sur l'argent du clergé.

DON CÉSAR

En Flandre? – il se peut bien. J'ai beaucoup voyagé.
– Est-ce tout?

DON SALLUSTE

Don César, la sueur de la honte,
Lorsque je pense à vous, à la face me monte.

DON CÉSAR

Bon. Laissez-la monter.

DON SALLUSTE

Notre famille...

---

1. *gabelles* : impôts sur le sel, mais ici, sens général d'impôts.
2. *dom* : titre religieux.
3. *Mons* : capitale des Pays-Bas espagnols.

DON CÉSAR

Non.
Car vous seul à Madrid connaissez mon vrai nom.
Ainsi ne parlons pas famille !

DON SALLUSTE

Une marquise
Me disait l'autre jour en sortant de l'église :
Quel est donc ce brigand qui, là-bas, nez au vent,
Se carre, l'œil au guet et la hanche en avant,
Plus délabré que Job[1] et plus fier que Bragance[2],
Drapant sa gueuserie avec son arrogance,
Et qui, froissant du poing sous sa manche en haillons
L'épée à lourd pommeau qui lui bat les talons,
Promène, d'une mine altière et magistrale,
Sa cape en dents de scie et ses bas en spirale ?

DON CÉSAR, *jetant un coup d'œil sur sa toilette.*
Vous avez répondu : C'est ce cher Zafari[3] !

DON SALLUSTE
Non ; j'ai rougi, monsieur.

DON CÉSAR

Eh bien ! la dame a ri.
Voilà. J'aime beaucoup faire rire les femmes.

DON SALLUSTE
Vous n'allez fréquentant que spadassins• infâmes !

DON CÉSAR
Des clercs[4] ! des écoliers doux comme des moutons !

DON SALLUSTE
Partout on vous rencontre avec des Jeannetons• !

---

1. *Job* : personnage de la Bible, symbole de la pauvreté.
2. *Bragance* : nom de la maison royale du Portugal.
3. *Zafari* : nom d'emprunt de don César.
4. *clercs* : étudiants en théologie.

DON CÉSAR

Ô Lucindes d'amour! ô douces Isabelles!
Eh bien! sur votre compte on en entend de belles!
Quoi! l'on vous traite ainsi, beautés à l'œil mutin
À qui je dis le soir mes sonnets du matin!

DON SALLUSTE

Enfin, Matalobos[1], ce voleur de Galice
Qui désole[2] Madrid malgré notre police,
Il est de vos amis!

DON CÉSAR

Raisonnons, s'il vous plaît.
Sans lui j'irais tout nu, ce qui serait fort laid.
Me voyant sans habit, dans la rue, en décembre,
La chose le toucha. – Ce fat parfumé d'ambre,
Le comte d'Albe, à qui l'autre mois fut volé
Son beau pourpoint• de soie...

DON SALLUSTE

Eh bien?

DON CÉSAR

C'est moi qui l'ai.
Matalobos me l'a donné.

DON SALLUSTE

L'habit du comte!
Vous n'êtes pas honteux?...

DON CÉSAR

Je n'aurai jamais honte
De mettre un bon pourpoint, brodé, passementé•,
Qui me tient chaud l'hiver et me fait beau l'été.
– Voyez, il est tout neuf. –
Il entrouvre son manteau, qui laisse voir un superbe pourpoint de satin rose brodé d'or.

1. *Matalabos* : littéralement, « tueur de loups ».
2. *désole* : au sens classique, ravage.

Les poches en sont pleines
De billets doux au comte adressés par centaines.
Souvent, pauvre, amoureux, n'ayant rien sous la dent,
J'avise une cuisine au soupirail ardent
D'où la vapeur des mets aux narines me monte.
Je m'assieds là. J'y lis les billets doux du comte,
Et, trompant l'estomac et le cœur tour à tour,
J'ai l'odeur du festin et l'ombre de l'amour!

DON SALLUSTE
Don César...

DON CÉSAR
Mon cousin, tenez, trêve aux reproches.
Je suis un grand seigneur, c'est vrai, l'un de vos proches;
Je m'appelle César, comte de Garofa;
Mais le sort de folie en naissant me coiffa.
J'étais riche, j'avais des palais, des domaines,
Je pouvais largement renter les Célimènes[1].
Bah! mes vingt ans n'étaient pas encor révolus
Que j'avais mangé tout! il ne me restait plus
De mes prospérités, ou réelles ou fausses,
Qu'un tas de créanciers hurlant après mes chausses•.
Ma foi, j'ai pris la fuite et j'ai changé de nom.
À présent, je ne suis qu'un joyeux compagnon,
Zafari, que hors vous nul ne peut reconnaître.
Vous ne me donnez pas du tout d'argent, mon maître;
Je m'en passe. Le soir, le front sur un pavé,
Devant l'ancien palais des comtes de Tévé,
– C'est là, depuis neuf ans, que la nuit je m'arrête –
Je vais dormir avec le ciel bleu sur ma tête.
Je suis heureux ainsi. Pardieu, c'est un beau sort!
Tout le monde me croit dans l'Inde[2], au diable, mort.
La fontaine voisine a de l'eau, j'y vais boire,
Et puis je me promène avec un air de gloire.
Mon palais, d'où jadis mon argent s'envola,

1. *Célimènes* : nom qui, depuis *Le Misanthrope* de Molière, symbolise la coquette.
2. *Inde* : Inde occidentale, c'est-à-dire les possessions espagnoles d'Amérique centrale et du Sud.

Appartient à cette heure au nonce Espinola.
C'est bien. Quand par hasard jusque-là je m'enfonce,
Je donne des avis aux ouvriers du nonce
Occupés à sculpter sur la porte un Bacchus. –
Maintenant, pouvez-vous me prêter dix écus[1] ?

DON SALLUSTE
Écoutez-moi...

DON CÉSAR, *croisant les bras.*
Voyons à présent votre style.

DON SALLUSTE
Je vous ai fait venir, c'est pour vous être utile.
César, sans enfants, riche, et de plus votre aîné,
Je vous vois à regret vers l'abîme entraîné ;
Je veux vous en tirer. Bravache[2] que vous êtes,
Vous êtes malheureux. Je veux payer vos dettes,
Vous rendre vos palais, vous remettre à la cour,
Et refaire de vous un beau seigneur d'amour.
Que Zafari s'éteigne et que César renaisse.
Je veux qu'à votre gré vous puisiez dans ma caisse,
Sans crainte, à pleines mains, sans soin de l'avenir.
Quand on a des parents, il faut les soutenir,
César, et pour les siens se montrer pitoyable...

Pendant que don Salluste parle, le visage de don César prend une expression de plus en plus étonnée, joyeuse et confiante ; enfin, il éclate.

DON CÉSAR
Vous avez toujours eu de l'esprit comme un diable,
Et c'est fort éloquent ce que vous dites là.
– Continuez.

1. *dix écus* : pièces d'argent. La somme est modeste.
2. *Bravache* : Fanfaron, qui se vante de sa bravoure (terme péjoratif).

DON SALLUSTE
César, je ne mets à cela
Qu'une condition. – Dans l'instant je m'explique.
Prenez d'abord ma bourse.

DON CÉSAR, *empoignant la bourse qui est pleine d'or.*
Ah ça ! c'est magnifique !

DON SALLUSTE
Et je vous vais donner cinq cents ducats...

DON CÉSAR, *ébloui.*
Marquis !

DON SALLUSTE, *continuant.*
Dès aujourd'hui.

DON CÉSAR
Pardieu, je vous suis tout acquis.
Quant aux conditions, ordonnez. Foi de brave,
Mon épée est à vous. Je deviens votre esclave,
Et, si cela vous plaît, j'irai croiser le fer
Avec don Spavento[1], capitan de l'enfer.

DON SALLUSTE
Non, je n'accepte pas, don César, et pour cause,
Votre épée.

DON CÉSAR
Alors quoi ? je n'ai guère autre chose.

DON SALLUSTE, *se rapprochant de lui et baissant la voix.*
Vous connaissez – et c'est en ce cas un bonheur –
Tous les gueux de Madrid.

DON CÉSAR
Vous me faites honneur.

---

1. *Spavento* : en italien, signifie « épouvante ».

DON SALLUSTE

Vous en traînez toujours après vous une meute;
Vous pourriez, au besoin, soulever une émeute,
Je le sais. Tout cela peut-être servira.

DON CÉSAR, *éclatant de rire.*

D'honneur! vous avez l'air de faire un opéra.
Quelle part donnez-vous dans l'œuvre à mon génie?
Sera-ce le poème ou bien la symphonie?
Commandez. Je suis fort pour le charivari•.

DON SALLUSTE, *gravement.*

Je parle à don César, et non à Zafari.
Baissant la voix de plus en plus.
Écoute. J'ai besoin, pour un résultat sombre,
De quelqu'un qui travaille à mon côté dans l'ombre
Et qui m'aide à bâtir un grand événement.
Je ne suis pas méchant, mais il est tel moment
Où le plus délicat, quittant toute vergogne•,
Doit retrousser sa manche et faire la besogne.
Tu seras riche, mais il faut m'aider sans bruit
À dresser, comme font les oiseleurs la nuit,
Un bon filet caché sous un miroir qui brille,
Un piège d'alouette ou bien de jeune fille.
Il faut, par quelque plan terrible et merveilleux,
– Tu n'es pas, que je pense, un homme scrupuleux, –
Me venger!

DON CÉSAR

Vous venger?

DON SALLUSTE

Oui.

DON CÉSAR

De qui?

DON SALLUSTE

D'une femme.

DON CÉSAR

Il se redresse et regarde fièrement don Salluste.

Ne m'en dites pas plus. Halte-là ! – Sur mon âme,
Mon cousin, en ceci voilà mon sentiment.
Celui qui, bassement et tortueusement,
Se venge, ayant le droit de porter une lame,
Noble, par une intrigue, homme, sur une femme,
Et qui, né gentilhomme, agit en alguazil•,
Celui-là – fût-il grand• de Castille, fût-il
Suivi de cent clairons sonnant des tintamarres,
Fût-il tout harnaché d'ordres et de chamarres[1],
Et marquis, et vicomte, et fils des anciens preux, –
N'est pour moi qu'un maraud sinistre et ténébreux
Que je voudrais, pour prix de sa lâcheté vile,
Voir pendre à quatre clous au gibet de la ville !

DON SALLUSTE

César !...

DON CÉSAR

N'ajoutez pas un mot, c'est outrageant.

Il jette la bourse aux pieds de don Salluste.

Gardez votre secret, et gardez votre argent.
Oh ! je comprends qu'on vole, et qu'on tue, et qu'on [pille,
Que par une nuit noire on force une bastille,
D'assaut, la hache au poing, avec cent flibustiers• ;
Qu'on égorge estafiers•, geôliers et guichetiers,
Tous, taillant et hurlant, en bandits que nous sommes,
Œil pour œil, dent pour dent, c'est bien ! hommes contre [hommes !
Mais doucement détruire une femme ! et creuser
Sous ses pieds une trappe ! et contre elle abuser,
Qui sait ? de son humeur peut-être hasardeuse[2] !
Prendre ce pauvre oiseau dans quelque glu hideuse !
Oh ! plutôt qu'arriver jusqu'à ce déshonneur,

1. *chamarres* : ensemble des décorations qui chamarrent, ornent le costume.
2. *hasardeuse* : au sens classique, qui s'expose au danger.

Plutôt qu'être, à ce prix, un riche et haut seigneur,
– Et je le dis ici pour Dieu qui voit mon âme, –
J'aimerais mieux, plutôt qu'être à ce point infâme,
Vil, odieux, pervers, misérable et flétri[1],
Qu'un chien rongeât mon crâne au pied du pilori*!

DON SALLUSTE
Cousin...

DON CÉSAR
De vos bienfaits je n'aurai nulle envie,
Tant que je trouverai, vivant ma libre vie,
Aux fontaines de l'eau, dans les champs le grand air,
À la ville un voleur qui m'habille l'hiver,
Dans mon âme l'oubli des prospérités mortes,
Et devant vos palais, monsieur, de larges portes
Où je puis, à midi, sans souci du réveil,
Dormir, la tête à l'ombre et les pieds au soleil!
– Adieu donc. – De nous deux Dieu sait quel est le [juste.
Avec les gens de cour, vos pareils, don Salluste,
Je vous laisse, et je reste avec mes chenapans.
Je vis avec les loups, non avec les serpents.

DON SALLUSTE
Un instant...

DON CÉSAR
Tenez, maître, abrégeons la visite.
Si c'est pour m'envoyer en prison, faites vite.

DON SALLUSTE
Allons, je vous croyais, César, plus endurci.
L'épreuve vous est bonne et vous a réussi :
Je suis content de vous. Votre main, je vous prie.

1. *flétri* : qui porte le signe de sa culpabilité, imprimé par une marque au fer rouge sur la peau.

DON CÉSAR
Comment !

DON SALLUSTE
Je n'ai parlé que par plaisanterie.
Tout ce que j'ai dit là, c'est pour vous éprouver.
Rien de plus.

DON CÉSAR
Ça, debout vous me faites rêver.
La femme, le complot, cette vengeance...

DON SALLUSTE
Leurre• !
Imagination ! chimère !

DON CÉSAR
À la bonne heure !
Et l'offre de payer mes dettes ! vision ?
Et les cinq cents ducats ! imagination ?

DON SALLUSTE
Je vais vous les chercher.
Il se dirige vers la porte du fond, et fait signe à Ruy Blas de rentrer.

DON CÉSAR, *à part sur le devant, et regardant don Salluste de travers.*
Hum ! visage de traître !
Quand la bouche dit oui, le regard dit peut-être.

DON SALLUSTE, *à Ruy Blas.*
Ruy Blas, restez ici.
À don César.
Je reviens.
Il sort par la petite porte de gauche. Sitôt qu'il est sorti, don César et Ruy Blas vont vivement l'un à l'autre.

Questions

Compréhension

1. *Comment peut-on, jusqu'au vers 140, qualifier le ton de chacun des deux protagonistes ?*

2. *Dans le texte de Salluste, jusqu'à ce même vers, nous sont rapportées de nombreuses informations sur César : ce faisant, quel est le but poursuivi par Salluste ?*

3. *Résumez en quelques mots le choix de vie de César ; est-il conforme à son rang ? Quelle perception doit en avoir Salluste ? Quelle perception Victor Hugo souhaite-t-il que son spectateur en ait ? Pour quelles raisons ? (v. 155-167.)*

Écriture

4. *Nous avons un portrait de César rapporté par Salluste, mais fait par une femme. Sur quels principes est-il composé ? Quelle qualité essentielle est ici mise en valeur ? De quelle grande tradition théâtrale pourrait-on le rapprocher ? (v. 103-110.)*

5. *César dit à Salluste* « Voyons à présent votre style » *(v. 169). Étudiez les répliques de Salluste qui suivent, jusqu'au vers 199, afin de dégager ce qui précisément constitue son* « style ». *Quelle est la nature de ses arguments ? Comment les présente-t-il ? Quels sont les caractères principaux de son langage ?*

Mise en scène

6. *Reprenez, depuis le début de l'acte, les indications que Victor Hugo donne à propos du vêtement des personnages ; pourquoi sont-elles essentielles au bon fonctionnement de la scène ? En quoi peut-on y percevoir à la fois un ordre, et également sa perturbation ?*

SCÈNE 3. DON CÉSAR, RUY BLAS, *puis* DON SALLUSTE, TROIS ALGUAZILS•

DON CÉSAR

Sur ma foi,
Je ne me trompais pas. C'est toi, Ruy Blas !

RUY BLAS

C'est toi,
Zafari[1] ! Que fais-tu dans ce palais ?

DON CÉSAR

J'y passe.
Mais je m'en vais. Je suis l'oiseau, j'aime l'espace.
Mais toi ? cette livrée ? est-ce un déguisement ?

RUY BLAS, *avec amertume.*
Non, je suis déguisé quand je suis autrement.

DON CÉSAR
Que dis-tu ?

RUY BLAS

Donne-moi ta main que je la serre,
Comme en cet heureux temps de joie et de misère
Où je vivais sans gîte, où le jour j'avais faim,
Où j'avais froid la nuit, où j'étais libre enfin !
– Quand tu me connaissais, j'étais un homme encore.
Tous deux nés dans le peuple, – hélas ! c'était l'aurore ! –
Nous nous ressemblions au point qu'on nous prenait
Pour frères ; nous chantions dès l'heure où l'aube naît,
Et le soir devant Dieu, notre père et notre hôte,
Sous le ciel étoilé nous dormions côte à côte.
Oui, nous partagions tout. Puis enfin arriva
L'heure triste où chacun de son côté s'en va.
Je te retrouve, après quatre ans, toujours le même,

1. *Zafari* : Ruy Blas ne connaît don César que sous ce nom.

Joyeux comme un enfant, libre comme un bohème,
Toujours ce Zafari, riche en sa pauvreté,
Qui n'a rien eu jamais et n'a rien souhaité !
Mais moi, quel changement ! Frère, que te dirais-je ?
Orphelin, par pitié nourri dans un collège
De science et d'orgueil, de moi, triste faveur !
Au lieu d'un ouvrier on a fait un rêveur.
Tu sais, tu m'as connu. Je jetais mes pensées
Et mes vœux vers le ciel en strophes insensées,
J'opposais cent raisons à ton rire moqueur.
J'avais je ne sais quelle ambition au cœur.
À quoi bon travailler ? Vers un but invisible
Je marchais, je croyais tout réel, tout possible,
J'espérais tout du sort ! – Et puis je suis de ceux
Qui passent tout un jour, pensifs et paresseux,
Devant quelque palais regorgeant de richesses,
À regarder entrer et sortir des duchesses. –
Si bien qu'un jour, mourant de faim sur le pavé,
J'ai ramassé du pain, frère, où j'en ai trouvé :
Dans la fainéantise et dans l'ignominie.
Oh ! quand j'avais vingt ans, crédule à mon génie,
Je me perdais, marchant pieds nus dans les chemins,
En méditations sur le sort des humains ;
J'avais bâti des plans sur tout, – une montagne
De projets ; – je plaignais le malheur de l'Espagne[1] ;
Je croyais, pauvre esprit, qu'au monde je manquais... –
Ami, le résultat, tu le vois : – un laquais !

DON CÉSAR

Oui, je le sais, la faim est une porte basse :
Et, par nécessité lorsqu'il faut qu'il y passe,
Le plus grand est celui qui se courbe le plus.
Mais le sort a toujours son flux et son reflux.
Espère.

RUY BLAS, *secouant la tête.*

Le marquis de Finlas est mon maître.

---

1. *malheur de l'Espagne* : l'un des thèmes du discours politique de Ruy Blas (III, 2).

DON CÉSAR
Je le connais. – Tu vis dans ce palais peut-être ?

RUY BLAS
Non, avant ce matin et jusqu'à ce moment,
Je n'en avais jamais passé le seuil.

DON CÉSAR
Vraiment ?
Ton maître cependant pour sa charge y demeure.

RUY BLAS
Oui, car la cour le fait demander à toute heure.
Mais il a quelque part un logis inconnu,
Où jamais en plein jour peut-être il n'est venu.
À cent pas du palais. Une maison discrète.
Frère, j'habite là. Par la porte secrète
Dont il a seul la clef, quelquefois, à la nuit
Le marquis vient, suivi d'hommes qu'il introduit.
Ces hommes sont masqués et parlent à voix basse.
Ils s'enferment, et nul ne sait ce qui se passe.
Là, de deux Noirs muets je suis le compagnon.
Je suis pour eux le maître. Ils ignorent mon nom.

DON CÉSAR
Oui, c'est là qu'il reçoit, comme chef des alcades•,
Ses espions, c'est là qu'il tend ses embuscades.
C'est un homme profond qui tient tout dans sa main.

RUY BLAS
Hier, il m'a dit : – Il faut être au palais demain
Avant l'aurore. Entrez par la grille dorée. –
En arrivant il m'a fait mettre la livrée,
Car l'habit odieux sous lequel tu me vois,
Je le porte aujourd'hui pour la première fois.

DON CÉSAR, *lui serrant la main.*
Espère !

RUY BLAS

Espérer ! Mais tu ne sais rien encore.
Vivre sous cet habit qui souille et déshonore,
Avoir perdu la joie et l'orgueil, ce n'est rien.
Être esclave, être vil, qu'importe ! – Écoute bien.
Frère ! je ne sens pas cette livrée infâme,
Car j'ai dans ma poitrine une hydre[1] aux dents de flamme
Qui me serre le cœur dans ses replis ardents.
Le dehors te fait peur ? si tu voyais dedans !

DON CÉSAR

Que veux-tu dire ?

RUY BLAS

Invente, imagine, suppose.
Fouille dans ton esprit. Cherches-y quelque chose
D'étrange, d'insensé, d'horrible et d'inouï.
Une fatalité dont on soit ébloui !
Oui, compose un poison affreux, creuse un abîme
Plus sourd que la folie et plus noir que le crime,
Tu n'approcheras pas encor de mon secret.
– Tu ne devines pas ? – Hé ! qui devinerait ? –
Zafari ! dans le gouffre où mon destin m'entraîne,
Plonge les yeux ! – je suis amoureux de la reine !

DON CÉSAR

Ciel !

RUY BLAS

Sous un dais• orné du globe impérial,
Il est, dans Aranjuez[2] ou dans l'Escurial•,
Dans ce palais, parfois, mon frère, il est un homme
Qu'à peine on voit d'en bas, qu'avec terreur on nomme ;
Pour qui, comme pour Dieu, nous sommes égaux tous ;
Qu'on regarde en tremblant et qu'on sert à genoux ;
Devant qui se couvrir est un honneur insigne ;

1. *hydre* : serpent fabuleux à sept têtes, dans la mythologie grecque.
2. *Aranjuez* : résidence d'été des rois d'Espagne, au sud de Madrid.

Qui peut faire tomber nos deux têtes d'un signe ;
Dont chaque fantaisie est un événement ;
Qui vit, seul et superbe, enfermé gravement
Dans une majesté redoutable et profonde,
Et dont on sent le poids dans la moitié du monde.
Eh bien ! – moi, le laquais, – tu m'entends, – eh bien !
[oui,
Cet homme-là ! le roi ! je suis jaloux de lui !

DON CÉSAR

Jaloux du roi !

RUY BLAS

Hé ! oui, jaloux du roi ! sans doute,
Puisque j'aime sa femme !

DON CÉSAR

Oh ! malheureux !

RUY BLAS

Écoute.
Je l'attends tous les jours au passage. Je suis
Comme un fou ! Ho ! sa vie est un tissu d'ennuis,
À cette pauvre femme ! – Oui, chaque nuit j'y songe. –
Vivre dans cette cour de haine et de mensonge,
Mariée à ce roi qui passe tout son temps
À chasser ! Imbécile[1] ! – un sot ! vieux à trente ans !
Moins qu'un homme ! à régner comme à vivre inhabile.
– Famille qui s'en va ! – Le père était débile
Au point qu'il ne pouvait tenir un parchemin.
– Oh si belle et si jeune, avoir donné sa main
À ce roi Charles Deux ! Elle ! Quelle misère !
– Elle va tous les soirs chez les sœurs du Rosaire,
Tu sais ? en remontant la rue Ortaleza.
Comment cette démence en mon cœur s'amassa,
Je l'ignore. Mais juge ! elle aime une fleur bleue
D'Allemagne... – Je fais chaque jour une lieue,

1. *Imbécile* : au sens classique, « faible d'esprit ».

Jusqu'à Caramanchel, pour avoir de ces fleurs.
J'en ai cherché partout sans en trouver ailleurs.
J'en compose un bouquet, je prends les plus jolies...
– Oh ! mais je te dis là des choses, des folies ! –
Puis à minuit, au parc royal, comme un voleur,
Je me glisse et je vais déposer cette fleur
Sur son banc favori. Même hier, j'osai mettre
Dans le bouquet, – vraiment, plains-moi, frère ! – une lettre !
La nuit, pour parvenir jusqu'à ce banc, il faut
Franchir les murs du parc, et je rencontre en haut
Ces broussailles de fer[1] qu'on met sur les murailles.
Un jour j'y laisserai ma chair et mes entrailles.
Trouve-t-elle mes fleurs, ma lettre ? je ne sai[2].
Frère, tu le vois bien, je suis un insensé.

DON CÉSAR

Diable ! ton algarade• a son danger. Prends garde.
Le comte d'Oñate, qui l'aime aussi, la garde
Et comme un majordome• et comme un amoureux.
Quelque reître•, une nuit, gardien peu langoureux,
Pourrait bien, frère, avant que ton bouquet se fane,
Te le clouer au cœur d'un coup de pertuisane•. –
Mais quelle idée ! aimer la reine ! ah ça, pourquoi ?
Comment diable as-tu fait ?

RUY BLAS, *avec emportement.*

Est-ce que je sais, moi !
– Oh ! mon âme au démon ! je la vendrais, pour être
Un des jeunes seigneurs que, de cette fenêtre,
Je vois en ce moment, comme un vivant affront,
Entrer, la plume au feutre et l'orgueil sur le front !
Oui, je me damnerais pour dépouiller ma chaîne,
Et pour pouvoir comme eux m'approcher de la reine
Avec un vêtement qui ne soit pas honteux !
Mais, ô rage ! être ainsi, près d'elle ! devant eux !

1. *broussailles de fer* : allusion aux « chevaux de frise ».
2. *je ne sai* : licence pour le respect de la rime orthographique.

En livrée! un laquais! être un laquais pour elle!
Ayez pitié de moi, mon Dieu!
Se rapprochant de don César.
Je me rappelle.
Ne demandais-tu pas pourquoi je l'aime ainsi,
Et depuis quand?... – Un jour... – Mais à quoi bon ceci?
C'est vrai, je t'ai toujours connu cette manie!
Par mille questions vous mettre à l'agonie!
Demander où? comment? quand? pourquoi? Mon sang [bout!
Je l'aime follement! Je l'aime, voilà tout!

DON CÉSAR
Là, ne te fâche pas.

RUY BLAS, *tombant épuisé et pâle sur le fauteuil.*
Non. Je souffre. – Pardonne.
Ou plutôt, va, fuis-moi. Va-t'en, frère. Abandonne
Ce misérable fou qui porte avec effroi
Sous l'habit d'un valet les passions d'un roi!

DON CÉSAR, *lui posant la main sur l'épaule.*
Te fuir! – Moi qui n'ai pas souffert, n'aimant personne,
Moi, pauvre grelot vide où manque ce qui sonne,
Gueux, qui vais mendiant l'amour je ne sais où,
À qui de temps en temps le destin jette un sou,
Moi, cœur éteint, dont l'âme, hélas! s'est retirée,
Du spectacle d'hier affiche déchirée[1],
Vois-tu, pour cet amour dont tes regards sont pleins,
Mon frère, je t'envie autant que je te plains!
– Ruy Blas! –

Moment de silence. Ils se tiennent les mains serrées en se regardant tous les deux avec une expression de tristesse et d'amitié confiante.
Entre don Salluste. Il s'avance à pas lents, fixant un regard d'attention profonde sur don César et Ruy Blas, qui ne le

1. *déchirée* : image rappelant la grandeur déchue de don César.

voient pas. Il tient d'une main un chapeau et une épée qu'il apporte en entrant sur un fauteuil et de l'autre une bourse qu'il dépose sur la table.

DON SALLUSTE, *à don César.*
Voici l'argent.
À la voix de don Salluste, Ruy Blas se lève comme réveillé en sursaut, et se tient debout, les yeux baissés, dans l'attitude du respect.

DON CÉSAR, *à part, regardant don Salluste de travers.*
Hum! le diable m'emporte!
Cette sombre figure écoutait à la porte.
Bah! qu'importe, après tout!
Haut à don Salluste.
Don Salluste, merci.
Il ouvre la bourse, la répand sur la table et remue avec joie les ducats, qu'il range en piles sur le tapis de velours. Pendant qu'il les compte, don Salluste va au fond, en regardant derrière lui s'il n'éveille pas l'attention de don César. Il ouvre la petite porte de droite. À un signe qu'il fait, trois alguazils• armés d'épées et vêtus de noir en sortent. Don Salluste leur montre mystérieusement don César. Ruy Blas se tient immobile et debout près de la table comme une statue, sans rien voir ni rien entendre.

DON SALLUSTE, *bas, aux alguazils.*
Vous allez suivre, alors qu'il sortira d'ici,
L'homme qui compte là de l'argent. – En silence
Vous vous emparerez de lui. – Sans violence. –
Vous l'irez embarquer, par le plus court chemin,
À Dénia[1]. –
Il leur remet un parchemin scellé.
Voici l'ordre écrit de ma main. –
Enfin, sans écouter sa plainte chimérique,
Vous le vendrez en mer aux corsaires d'Afrique.
Mille piastres pour vous. Faites vite à présent!

1. *Denia* : port de la Méditerranée, dans la province espagnole d'Alicante.

Les trois alguazils s'inclinent et sortent.

DON CÉSAR, *achevant de ranger ses ducats.*
Rien n'est plus gracieux et plus divertissant
Que des écus à soi qu'on met en équilibre.
Il fait deux parts égales et se tourne vers Ruy Blas.
Frère, voici ta part.

RUY BLAS
Comment !

DON CÉSAR, *lui montrant une des deux piles d'or.*
Prends ! viens ! sois libre !

DON SALLUSTE, *qui les observe à part.*
Diable !

RUY BLAS, *secouant la tête en signe de refus.*
Non. C'est le cœur qu'il faudrait délivrer.
Non, mon sort est ici. Je dois y demeurer.

DON CÉSAR
Bien. Suis ta fantaisie. Es-tu fou ? Suis-je sage ?
Dieu le sait.
Il ramasse l'argent et le jette dans le sac, qu'il empoche.

DON SALLUSTE, *au fond, à part, en les observant toujours.*
À peu près même air, même visage.

DON CÉSAR, *à Ruy Blas.*
Adieu.

RUY BLAS
Ta main !
Ils se serrent la main. Don César sort sans voir don Salluste qui se tient à l'écart.

Questions

Préparation à la lecture méthodique

• **Vers 281-320 : la tirade de Ruy Blas**

1. *C'est la première fois que Ruy Blas prend véritablement la parole pour s'exprimer; déterminez avec exactitude ce qui déclenche cet épanchement.*

2. *Observez le jeu des pronoms* « je », « tu » *et* « nous » *et les possessifs qui leur correspondent; leur ordre d'apparition dans le texte est-il signifiant?*

3. *Observez le jeu des temps présent et passé; leur alternance dans la tirade. Est-elle signifiante?*

4. *Quel commentaire peut-on faire du rapprochement de* « Quand tu me connaissais » *(v. 285) et* « Tu sais, tu m'as connu » *(v. 301)?*

5. *Comment faut-il comprendre l'expression :* « j'étais un homme encore » ? *Quel serait l'antonyme d'« homme » dans ce contexte? Quelle orientation cela donne-t-il au texte (v. 285)?*

6. *Identifiez la figure de style :* « riche en sa pauvreté ? » *Est-elle simple ornement (v. 295)?*

7. *Par quels termes pourrait-on schématiser les attitudes de Ruy Blas et de César (Zafari) face à la vie?*

8. *Quel est le sens ici de* « rêveur » ? *Comment s'oppose-t-il à* « ouvrier » *(v. 300)?*

9. *Qu'est-ce que représente César (Zafari) pour Ruy Blas, dans le passé? dans le présent? Quel sentiment fait naître en lui ces retrouvailles?*

10. *Précisez quelle est la valeur du dernier vers, à la fois sur le plan dramatique et psychologique (v. 320).*

11. *Qu'est-ce qui, dans cette tirade, pourrait être perçu comme un portrait (très partiel) de Victor Hugo?*

Compréhension

12. *Précisez le sens du vers 323 : à quel type d'énoncé emprunte-t-il sa forme? Quel sens prend ici l'adjectif* « grand » ? *Comment Hugo en joue-t-il?*

13. *En reprenant les éléments de la réplique, montrez comment Hugo prépare l'évolution à venir de l'intrigue (v. 330-340).*

14. *Comment doit-on percevoir la valeur des deux vers, compte tenu du dénouement (v. 428-429)?*

Écriture

15. *Vers 368-380 : deux phrases pour cet ensemble de vers. Analysez sur le plan stylistique leur composition respective. Valeur : du présentatif* « Il est » ; *de la série de relatives ; du rythme des deux derniers vers. Quel effet en tire le dramaturge ?*

Don Salluste (Michel de Ré) et Ruy Blas (Frédéric Van den Driessche) dans une mise en scène de Jacques Rosner, théâtre de l'Est parisien (1990).

SCÈNE 4. RUY BLAS, DON SALLUSTE

DON SALLUSTE

Ruy Blas !

RUY BLAS, *se retournant vivement.*

Monseigneur ?

DON SALLUSTE

Ce matin,
Quand vous êtes venu, je ne suis pas certain
S'il faisait jour déjà ?

RUY BLAS

Pas encore, Excellence.
J'ai remis au portier votre passe en silence,
Et puis je suis monté.

DON SALLUSTE

Vous étiez en manteau ?

RUY BLAS

Oui, monseigneur.

DON SALLUSTE

Personne, en ce cas, au château,
Ne vous a vu porter cette livrée encore ?

RUY BLAS

Ni personne à Madrid.

DON SALLUSTE, *désignant du doigt la porte par où est sorti don César.*

C'est fort bien. Allez clore
Cette porte. Quittez cet habit.

Ruy Blas dépouille son surtout• de livrée et le jette sur un fauteuil.

Vous avez
Une belle écriture, il me semble. – Écrivez.

Il fait signe à Ruy Blas de s'asseoir à la table où sont les plumes et les écritoires. Ruy Blas obéit.

Vous m'allez aujourd'hui servir de secrétaire.
D'abord un billet doux – je ne veux rien vous taire –
Pour ma reine d'amour, pour doña Praxedis,
Ce démon que je crois venu du paradis.
– Là, je dicte : « Un danger terrible est sur ma tête.
« Ma reine seule peut conjurer la tempête,
« En venant me trouver ce soir dans ma maison.
« Sinon, je suis perdu. Ma vie et ma raison
« Et mon cœur, je mets tout à ses pieds que je baise. »
Il rit et s'interrompt.
Un danger! la tournure, au fait, n'est pas mauvaise
Pour l'attirer chez moi. C'est que, j'y suis expert,
Les femmes aiment fort à sauver qui les perd.
– Ajoutez : – « Par la porte au bas de l'avenue,
« Vous entrerez la nuit sans être reconnue.
« Quelqu'un de dévoué vous ouvrira. » – D'honneur,
C'est parfait. – Ah! signez.

RUY BLAS

Votre nom, monseigneur?

DON SALLUSTE

Non pas. Signez César. C'est mon nom d'aventure.

RUY BLAS, *après avoir obéi.*

La dame ne pourra connaître l'écriture?

DON SALLUSTE

Bah! le cachet suffit. J'écris souvent ainsi.
Ruy Blas, je pars ce soir, et je vous laisse ici.
J'ai sur vous les projets d'un ami très sincère.
Votre état va changer, mais il est nécessaire
De m'obéir en tout. Comme en vous j'ai trouvé
Un serviteur discret, fidèle et réservé...

RUY BLAS, *s'inclinant.*

Monseigneur!

DON SALLUSTE, *continuant.*

Je vous veux faire un destin plus large.

RUY BLAS, *montrant le billet qu'il vient d'écrire.*
Où faut-il adresser la lettre ?

DON SALLUSTE
Je m'en charge.
S'approchant de Ruy Blas d'un air significatif.
Je veux votre bonheur.
Un silence. Il fait signe à Ruy Blas de se rasseoir à la table.
Écrivez : – « Moi, Ruy Blas,
« Laquais de monseigneur le marquis de Finlas,
« En toute occasion, ou secrète ou publique,
« M'engage à le servir comme un bon domestique. »
Ruy Blas obéit.
– Signez de votre nom. La date. Bien. Donnez.
Il ploie et serre dans son portefeuille la lettre et le papier que Ruy Blas vient d'écrire.
On vient de m'apporter une épée. Ah ! tenez.
Elle est sur ce fauteuil.
Il désigne le fauteuil sur lequel il a posé l'épée et le chapeau. Il y va et prend l'épée.
L'écharpe est d'une soie
Peinte et brodée au goût le plus nouveau qu'on voie.
Il lui fait admirer la souplesse du tissu.
Touchez. – Que dites-vous, Ruy Blas, de cette fleur ?
La poignée est de Gil, le fameux ciseleur,
Celui qui le mieux creuse, au gré des belles filles,
Dans un pommeau d'épée une boîte à pastilles.
Il passe au cou de Ruy Blas l'écharpe, à laquelle est attachée l'épée.
Mettez-la donc. – Je veux en voir sur vous l'effet.
– Mais vous avez ainsi l'air d'un seigneur parfait !
Écoutant.
On vient... oui. C'est bientôt l'heure où la reine passe. –
– Le marquis del Basto ! –
La porte du fond sur la galerie s'ouvre. Don Salluste détache son manteau et le jette vivement sur les épaules de Ruy Blas au moment où le marquis del Basto paraît ; puis il va droit au marquis, en entraînant avec lui Ruy Blas stupéfait.

SCÈNE 5. DON SALLUSTE, RUY BLAS, DON PAMFILO D'AVALOS, MARQUIS DEL BASTO, *puis le* MARQUIS DE SANTA-CRUZ, *puis le* COMTE D'ALBE, *puis toute la cour*

DON SALLUSTE, *au marquis del Basto.*
Souffrez qu'à Votre Grâce
Je présente, marquis, mon cousin don César,
Comte de Garofa, près de Velalcazar.

RUY BLAS, *à part.*
Ciel !

DON SALLUSTE, *bas, à Ruy Blas.*
Taisez-vous !

LE MARQUIS DEL BASTO, *saluant Ruy Blas.*
Monsieur... charmé...
Il lui prend la main que Ruy Blas lui livre avec embarras.

DON SALLUSTE, *bas, à Ruy Blas.*
Laissez-vous faire.
Saluez !
Ruy Blas salue le marquis.

LE MARQUIS DEL BASTO, *à Ruy Blas.*
J'aimais fort madame votre mère.
Bas, à don Salluste, en lui montrant Ruy Blas.
Bien changé ! Je l'aurais à peine reconnu.

DON SALLUSTE, *bas au marquis.*
Dix ans d'absence !

LE MARQUIS DEL BASTO, *de même.*
Au fait !

DON SALLUSTE, *frappant sur l'épaule de Ruy Blas.*
Le voilà revenu !
Vous souvient-il, marquis ? oh ! quel enfant prodigue !
Comme il vous répandait les pistoles sans digue !
Tous les soirs danse et fête au vivier d'Apollo,

Et cent musiciens faisant rage sur l'eau !
À tous moments, galas, masques, concerts, fredaines•,
Éblouissant Madrid de visions[1] soudaines !
– En trois ans, ruiné ! – c'était un vrai lion.
– Il arrive de l'Inde avec le galion.

RUY BLAS, *avec embarras.*
Seigneur...

DON SALLUSTE, *gaiement.*
Appelez-moi cousin, car nous le sommes.
Les Bazan sont, je crois, d'assez francs gentilshommes.
Nous avons pour ancêtre Iniguez d'Iviza.
Son petit-fils, Pedro de Bazan, épousa
Marianne de Gor. Il eut de Marianne
Jean, qui fut général de la mer océane
Sous le roi don Philippe, et Jean eut deux garçons
Qui sur notre arbre antique ont greffé deux blasons.
Moi, je suis le marquis de Finlas ; vous, le comte
De Garofa. Tous deux se valent si l'on compte.
Par les femmes, César, notre rang est égal.
Vous êtes Aragon, moi je suis Portugal.
Votre branche n'est pas moins haute que la nôtre.
Je suis le fruit de l'une, et vous la fleur de l'autre.

RUY BLAS, *à part.*
Où donc m'entraîne-t-il ?
Pendant que don Salluste a parlé, le marquis de Santa-Cruz don Alvar de Bazan y Benavides, vieillard à moustache blanche et à grande perruque, s'est approché d'eux.

LE MARQUIS DE SANTA-CRUZ, *à don Salluste.*
Vous l'expliquez fort bien.
S'il est votre cousin, il est aussi le mien.

DON SALLUSTE
C'est vrai, car nous avons une même origine,

1. *visions* : ici, au sens de spectacles fabuleux.

Monsieur de Santa-Cruz.
Il lui présente Ruy Blas.
Don César.

LE MARQUIS DE SANTA-CRUZ
J'imagine.
Que ce n'est pas celui qu'on croyait mort.

DON SALLUSTE
Si fait.

LE MARQUIS DE SANTA-CRUZ
Il est donc revenu ?

DON SALLUSTE
Des Indes.

LE MARQUIS DE SANTA-CRUZ, *examinant Ruy Blas.*
En effet !

DON SALLUSTE
Vous le reconnaissez ?

LE MARQUIS DE SANTA-CRUZ
Pardieu ! je l'ai vu naître !

DON SALLUSTE, *bas à Ruy Blas.*
Le bonhomme est aveugle et se défend de l'être.
Il vous a reconnu pour prouver ses bons yeux.

LE MARQUIS DE SANTA-CRUZ, *tendant la main à Ruy Blas.*
Touchez là, mon cousin.

RUY BLAS, *s'inclinant.*
Seigneur...

LE MARQUIS DE SANTA-CRUZ, *bas à don Salluste et lui montrant Ruy Blas.*
On n'est pas mieux !

À Ruy Blas.
Charmé de vous revoir!

DON SALLUSTE, *bas au marquis en le prenant à part.*
Je vais payer ses dettes.
Vous le pouvez servir dans le poste où vous êtes,
Si quelque emploi de cour vaquait en ce moment,
Chez le roi, – chez la reine... –

LE MARQUIS DE SANTA-CRUZ, *bas.*
Un jeune homme
[charmant.
J'y vais songer. – Et puis, il est de la famille.

DON SALLUSTE, *bas.*
Vous avez tout crédit au conseil de Castille.
Je vous le recommande.
Il quitte le marquis de Santa-Cruz et va à d'autres seigneurs auxquels il présente Ruy Blas. Parmi eux le comte d'Albe, très superbement paré.
Don Salluste lui présente Ruy Blas.
Un mien cousin, César,
Comte de Garofa, près de Velalcazar.
Les seigneurs échangent gravement des révérences avec Ruy Blas interdit.
Don Salluste au comte de Ribagorza.
Vous n'étiez pas hier au ballet d'Atalante?
Lindamire a dansé d'une façon galante.
Il s'extasie sur le pourpoint• du comte d'Albe.
C'est très beau, comte d'Albe!

LE COMTE D'ALBE
Ah! j'en avais encor
Un plus beau. Satin rose avec des rubans d'or.
Matalobos me l'a volé.

UN HUISSIER DE COUR, *au fond.*
La reine approche.
Prenez vos rangs, messieurs.
Les grands rideaux de la galerie vitrée s'ouvrent. Les seigneurs s'échelonnent près de la porte. Des gardes font la

haie. Ruy Blas, haletant, hors de lui, vient sur le devant comme pour s'y réfugier. Don Salluste l'y suit.

DON SALLUSTE, *bas, à Ruy Blas.*
Est-ce que, sans reproche,
Quand votre sort grandit, votre esprit s'amoindrit?
Réveillez-vous, Ruy Blas. Je vais quitter Madrid.
Ma petite maison, près du pont, où vous êtes,
– Je n'en veux rien garder, hormis les clefs secrètes, –
Ruy Blas, je vous la donne, et les muets aussi.
Vous recevrez bientôt d'autres ordres. Ainsi
Faites ma volonté, je fais votre fortune.
Montez, ne craignez rien, car l'heure est opportune.
La cour est un pays où l'on va sans voir clair.
Marchez les yeux bandés. J'y vois pour vous, mon cher!
De nouveaux gardes paraissent au fond.

L'HUISSIER, *à haute voix.*
La reine!

RUY BLAS, *à part.*
La reine! ah!
La reine, vêtue magnifiquement, paraît, entourée de dames et de pages, sous un dais de velours écarlate porté par quatre gentilshommes de chambre, tête nue. Ruy Blas, effaré, la regarde comme absorbé par cette resplendissante vision. Tous les grands• d'Espagne se couvrent, le marquis del Basto, le comte d'Albe, le marquis de Santa-Cruz. Don Salluste va rapidement au fauteuil, et y prend le chapeau, qu'il apporte à Ruy Blas.

DON SALLUSTE, *à Ruy Blas, en lui mettant le chapeau sur la tête.*
Quel vertige vous gagne?
Couvrez-vous, don César. Vous êtes grand d'Espagne.

RUY BLAS, *éperdu, bas à don Salluste.*
Et que m'ordonnez-vous, Seigneur, présentement?

DON SALLUSTE, *lui montrant la reine, qui traverse lentement la galerie.*
De plaire à cette femme et d'être son amant.

Questions

Compréhension

• Scènes 4 et 5

1. *Au début de la scène 4, précisez les intentions de don Salluste perceptibles à travers ses quatre premières répliques.*

2. *Quel est le sens premier de* « secrétaire » *(v. 477) ? Comment est-il explicité (v. 478) ? En quoi ce terme est-il parfaitement en situation ?*

3. *Examinez l'ensemble des répliques de Ruy Blas dans la scène 5, les jeux de scène que Hugo lui attribue en didascalies. Sa conduite est-elle conforme à ce que l'on sait de lui ?*

Écriture

• Scène 5

4. *Dans la réplique de don Salluste, étudiez la ponctuation et la versification (v. 571-580). Vos remarques vous permettent-elles de définir la nature du passage, son rythme, ainsi que la personnalité de Salluste ?*

Mise en scène

• Scènes 4 et 5

5. *Comment se produit le passage de la scène 4 à la scène 5 ? Quelle est la nature des événements qui s'y produisent ? Le spectateur (en supposant qu'il ne connaisse pas la pièce) pouvait-il s'y attendre ?*

6. *À partir des didascalies et des paroles des personnages, quelle doit être la qualité dominante de la fin de l'acte I (v. 570-584) ? Quel contraste offre-t-elle par rapport au tout début de l'acte ? En quoi le passage de la reine, personnage silencieux pour l'instant, est-il une trouvaille dramaturgique ?*

Bilan

L'action

Hugo nous plonge dans l'action dès la première réplique de l'acte : un événement tout récent est à l'origine de l'entrée tumultueuse de Salluste, de sa disgrâce et de l'exil qu'elle entraîne.
Tout se met en place très rapidement : la volonté de vengeance de don Salluste, sa tentative de corruption auprès de don César, son intrigue à l'égard de Ruy Blas ; ce dernier se trouve brutalement propulsé dans un devenir totalement inconcevable pour lui quelques minutes auparavant.
Cependant, il est clair que le hasard vole au secours de Salluste. Son projet ne peut prendre forme que parce que Ruy Blas est amoureux de la reine et que, par ailleurs, il a le même âge que César. Salluste est un stratège en ce que le plan qu'il échafaude relève de la géniale improvisation.
Enfin, l'action de ce premier acte nous donne un premier accès à l'univers de complot et de rivalités de la cour d'Espagne : Salluste en est la parfaite incarnation ; Ruy Blas, homme du peuple, en devient alors le juste contrepoint.

Les personnages

Le premier acte est un acte singulièrement masculin. N'apparaissent sur scène que des hommes : don Salluste, Gudiel, Ruy Blas et don César, puis les courtisans. Le passage de la reine en fin d'acte, passage très bref et muet, ne contredira pas cette impression ; au contraire, la mise en valeur n'en sera que plus évidente.
Le personnage principal et dominant, c'est Salluste. En titrant son acte de ce prénom, Hugo avait bien conscience de le construire autour de ce personnage. Nous apprenons à le connaître grâce à l'autoportrait qu'il fait de lui-même, dans sa toute première réplique, puis au regard que César jette sur lui, et, dans une moindre mesure, par ce qu'en dit Ruy Blas.
Ruy Blas et César se définissent par rapport à Salluste : l'un est son laquais, l'autre son cousin. Il veut se servir de celui-ci et se servira de celui-là. Il précipite la chute de l'un et provoque l'élévation brutale de l'autre. Salluste manipule les deux autres personnages de l'acte.
Ruy Blas et César se définissent également l'un par rapport à l'autre : ils sont « frères *». Cependant le caractère de l'un est aux*

antipodes de celui de l'autre : gravité et sens tragique de l'existence, face à désinvolture et hédonisme souriant.

C'est évidemment un acte d'exposition, puisque l'action est nouée (la vengeance de Salluste, dont l'agent est Ruy Blas) ; les personnages principaux sont campés (même la reine). Le dernier vers sonne comme un programme de ce qui doit suivre : on observera cependant que le projet de Salluste ne porte que sur la relation amoureuse.
La suite de la pièce élargira sensiblement le rôle du héros éponyme. L'élimination de César laisse présager également une source potentielle de péripéties, visant à détourner le cours des événements voulus par Salluste.

Don Salluste (Gérard Oury) dans une mise en scène de Raymond Rouleau, Comédie-Française (1960).

ACTE II

La reine d'Espagne

Un salon contigu à la chambre à coucher de la reine. À gauche, une petite porte donnant dans cette chambre. À droite, sur un pan coupé, une autre porte donnant dans les appartements extérieurs. Au fond, de grandes fenêtres ouvertes. C'est l'après-midi d'une belle journée d'été. Grande table. Fauteuils. Une figure de sainte, richement enchâssée, est adossée au mur ; au bas on lit : « Santa Maria Esclava ». Au côté opposé est une madone devant laquelle brûle une lampe d'or. Près de la madone, un portrait en pied du roi Charles II. Au lever du rideau, la reine doña Maria de Neubourg est dans un coin, assise à côté d'une de ses femmes, jeune et jolie fille[1]*. La reine est vêtue de blanc, robe de drap d'argent. Elle brode et s'interrompt par moments pour causer. Dans le coin opposé est assise, sur une chaise à dossier, doña Juana de la Cueva, duchesse d'Albuquerque, camerera mayor•, une tapisserie à la main ; vieille femme en noir. Près de la duchesse, à une table, plusieurs duègnes• travaillant à des ouvrages de femme. Au fond se tient don Guritan, comte d'Oñate, majordome•, grand, sec, moustaches grises, cinquante-cinq ans environ : mine de vieux militaire, quoique vêtu avec une élégance exagérée et qu'il ait des rubans jusque sur les souliers.*

SCÈNE 1. La reine, la duchesse d'Albuquerque, don Guritan, Casilda, duègnes

La reine

Il est parti pourtant ! je devrais être à l'aise.
Eh bien, non ! ce marquis de Finlas, il me pèse !
Cet homme-là me hait.

---

1. *jolie fille* : il s'agit de Casilda.

CASILDA

Selon votre souhait,
N'est-il pas exilé ?

LA REINE

Cet homme-là me hait.

CASILDA

Votre Majesté...

LA REINE

Vrai ! Casilda, c'est étrange,
Ce marquis est pour moi comme le mauvais ange.
L'autre jour, il devait partir le lendemain,
Et, comme à l'ordinaire, il vint au baise-main•.
Tous les grands• s'avançaient vers le trône à la file.
Je leur livrais ma main, j'étais triste et tranquille,
Regardant vaguement, dans le salon obscur,
Une bataille au fond peinte sur un grand mur,
Quand, tout à coup, mon œil se baissant vers la table,
Je vis venir à moi cet homme redoutable !
Sitôt que je le vis, je ne vis plus que lui.
Il venait à pas lents, jouant avec l'étui
D'un poignard dont parfois j'entrevoyais la lame,
Grave, et m'éblouissant de son regard de flamme.
Soudain il se courba, souple et comme rampant... –
Je sentis sur ma main sa bouche de serpent !

CASILDA

Il rendait ses devoirs ; rendons-nous pas[1] les nôtres ?

LA REINE

Sa lèvre n'était pas comme celle des autres.
C'est la dernière fois que je l'ai vu. Depuis,
J'y pense très souvent. J'ai bien d'autres ennuis,
C'est égal, je me dis : – L'enfer est dans cette âme.

1. *rendons-nous pas* : construction empruntée à la langue classique, qui omettait souvent *ne* dans la construction interro-négative.

Devant cet homme-là je ne suis qu'une femme. –
Dans mes rêves, la nuit, je rencontre en chemin
Cet effrayant démon qui me baise la main ;
Je vois luire son œil d'où rayonne la haine ;
Et, comme un noir poison qui va de veine en veine,
Souvent, jusqu'à mon cœur qui semble se glacer,
Je sens en longs frissons courir son froid baiser !
Que dis-tu de cela ?

CASILDA

Purs fantômes, madame !

LA REINE

Au fait, j'ai des soucis bien plus réels dans l'âme.
À part.
Oh ! ce qui me tourmente, il faut le leur cacher.
À Casilda.
Dis-moi, ces mendiants qui n'osaient approcher...

CASILDA, *allant à la fenêtre.*

Je sais, madame. Ils sont encor là, dans la place.

LA REINE

Tiens ! jette-leur ma bourse.
Casilda prend la bourse et va la jeter par la fenêtre.

CASILDA

Oh ! madame, par grâce,
Vous qui faites l'aumône avec tant de bonté,
Montrant à la reine don Guritan, qui, debout et silencieux au fond de la chambre, fixe sur la reine un œil d'adoration muette.
Ne jetterez-vous rien au comte d'Oñate ?
Rien qu'un mot ! – Un vieux brave ! amoureux sous l'armure !
D'autant plus tendre au cœur que l'écorce est plus dure !

LA REINE

Il est bien ennuyeux !

CASILDA

J'en conviens. – Parlez-lui !

La reine, *se tournant vers don Guritan.*
Bonjour, comte.
Don Guritan s'approche avec trois révérences et vient baiser en soupirant la main de la reine, qui le laisse faire d'un air indifférent et distrait. Puis il retourne à sa place, à côté du siège de la camerera mayor•.

Don Guritan, *en se retirant, bas à Casilda.*
La reine est charmante aujourd'hui !

Casilda, *le regardant s'éloigner.*
Oh ! le pauvre héron ! près de l'eau qui le tente
Il se tient. Il attrape, après un jour d'attente,
Un bonjour, un bonsoir, souvent un mot bien sec,
Et s'en va tout joyeux, cette pâture au bec.

La reine, *avec un sourire triste.*
Tais-toi !

Casilda
Pour être heureux, il suffit qu'il vous voie !
Voir la reine, pour lui cela veut dire : – joie !
S'extasiant sur une boîte posée sur le guéridon.
Oh ! la divine boîte !

La reine
Ah ! j'en ai la clef là.

Casilda
Ce bois de calambour• est exquis !

La reine, *lui présentant la clef.*
Ouvre-la.
Vois : je l'ai fait emplir de reliques, ma chère ;
Puis je vais l'envoyer à Neubourg, à mon père ;
Il sera très content !
Elle rêve un instant, puis s'arrache vivement à sa rêverie. À part.
Je ne veux pas penser !
Ce que j'ai dans l'esprit, je voudrais le chasser.
À Casilda.

Va chercher dans ma chambre un livre... – Je suis folle !
Pas un livre allemand ! tout en langue espagnole !
Le roi chasse. Toujours absent. Ah ! quel ennui !
En six mois, j'ai passé douze jours près de lui.

CASILDA
Épousez donc un roi pour vivre de la sorte !
La reine retombe dans sa rêverie, puis en sort de nouveau violemment et comme avec effort.

LA REINE
Je veux sortir !
À ce mot, prononcé impérieusement par la reine, la duchesse d'Albuquerque, qui est jusqu'à ce moment restée immobile sur son siège, lève la tête, puis se dresse debout et fait une profonde révérence à la reine.

LA DUCHESSE D'ALBUQUERQUE, *d'une voix brève et dure.*
Il faut, pour que la reine sorte,
Que chaque porte soit ouverte – c'est réglé –
Par un des grands• d'Espagne ayant droit à la clé[1].
Or nul d'eux ne peut être au palais à cette heure.

LA REINE
Mais on m'enferme donc ! mais on veut que je meure,
Duchesse, enfin !

LA DUCHESSE, *avec une nouvelle révérence.*
Je suis camerera mayor•,
Et je remplis ma charge.
Elle se rassied.

LA REINE, *prenant sa tête à deux mains, avec désespoir, à part.*
Allons ! rêver encor !
Non !
Haut.

1. *clé* : première référence à l'étiquette de la cour d'Espagne.

– Vite ! un lansquenet• ! à moi, toutes mes femmes !
Une table, et jouons !

La duchesse, *aux duègnes•.*
Ne bougez pas, mesdames.
Se levant et faisant une révérence à la reine.
Sa Majesté ne peut, suivant l'ancienne loi,
Jouer qu'avec des rois ou des parents du roi.

La reine, *avec emportement.*
Eh bien ! faites venir ces parents.

Casilda, *à part, regardant la duchesse.*
Oh ! la duègne !

La duchesse, *avec un signe de croix.*
Dieu n'en a pas donné, madame, au roi qui règne.
La reine mère est morte. Il est seul à présent.

La reine
Qu'on me serve à goûter !

Casilda
Oui, c'est très amusant.

La reine
Casilda je t'invite.

Casilda, *à part, regardant la camerera•.*
Oh ! respectable aïeule !

La duchesse, *avec une révérence.*
Quand le roi n'est pas là, la reine mange seule.
Elle se rassied.

La reine, *poussée à bout.*
Ne pouvoir, – ô mon Dieu ! qu'est-ce que je ferai ? –
Ni sortir, ni jouer, ni manger à mon gré !
Vraiment, je meurs depuis un an que je suis reine.

CASILDA, *à part, la regardant avec compassion.*
Pauvre femme ! passer tous ses jours dans la gêne,
Au fond de cette cour insipide ! et n'avoir
D'autre distraction que le plaisir de voir,
Au bord de ce marais à l'eau dormante et plate,
Regardant don Guritan, toujours immobile et debout au fond de la chambre.
Un vieux comte amoureux rêvant sur une patte !

LA REINE, *à Casilda.*
Que faire ? Voyons ! cherche une idée.

CASILDA
Ah ! tenez !
En l'absence du roi, c'est vous qui gouvernez.
Faites, pour vous distraire, appeler les ministres !

LA REINE, *haussant les épaules.*
Ce plaisir ! – avoir là huit visages sinistres
Me parlant de la France et de son roi caduc,
De Rome, et du portrait de monsieur l'archiduc[1],
Qu'on promène à Burgos, parmi des cavalcades,
Sous un dais de drap d'or porté par quatre alcades• !
– Cherche autre chose.

CASILDA
Eh bien, pour vous désennuyer,
Si je faisais monter quelque jeune écuyer ?

LA REINE
Casilda !

CASILDA
Je voudrais regarder un jeune homme,
Madame ! cette cour vénérable m'assomme.
Je crois que la vieillesse arrive par les yeux,
Et qu'on vieillit plus vite à voir toujours des vieux !

---

1. *monsieur l'archiduc* : Joseph-Charles d'Autriche, prétendant à la succession d'Espagne.

LA REINE
Ris, folle ! – Il vient un jour où le cœur se reploie.
Comme on perd le sommeil, enfant, on perd la joie.
Pensive.
Mon bonheur, c'est ce coin du parc où j'ai le droit
D'aller seule.

CASILDA
Oh ! le beau bonheur ! l'aimable endroit !
Des pièges sont creusés derrière tous les marbres.
On ne voit rien. Les murs sont plus hauts que les arbres.

LA REINE
Oh ! je voudrais sortir parfois !

CASILDA, *bas.*
Sortir ! Eh bien,
Madame, écoutez-moi. Parlons bas. Il n'est rien
De tel qu'une prison bien austère et bien sombre
Pour vous faire chercher et trouver dans son ombre
Ce bijou rayonnant nommé la clef des champs.
– Je l'ai ! – Quand vous voudrez, en dépit des méchants,
Je vous ferai sortir, la nuit, et par la ville
Nous irons.

LA REINE
Ciel ! jamais ! tais-toi !

CASILDA
C'est très facile !

LA REINE
Paix !
Elle s'éloigne un peu de Casilda et retombe dans sa rêverie.
Que ne suis-je encor, moi qui crains tous ces
[grands•,
Dans ma bonne Allemagne, avec mes bons parents !
Comme, ma sœur et moi, nous courions dans les herbes !
Et puis des paysans passaient, traînant des gerbes ;
Nous leur parlions. C'était charmant. Hélas ! un soir,

Un homme vint, qui dit, – il était tout en noir,
Je tenais par la main ma sœur, douce compagne, –
« Madame, vous allez être reine d'Espagne. »
Mon père était joyeux et ma mère pleurait.
Ils pleurent tous les deux à présent. – En secret
Je vais faire envoyer cette boîte à mon père,
Il sera bien content. – Vois, tout me désespère.
Mes oiseaux d'Allemagne, ils sont tous morts.
Casilda fait le signe de tordre le cou à des oiseaux, en regardant de travers la camerera•.
Et puis
On m'empêche d'avoir des fleurs de mon pays.
Jamais à mon oreille un mot d'amour ne vibre.
Aujourd'hui je suis reine. Autrefois j'étais libre !
Comme tu dis, ce parc est bien triste le soir,
Et les murs sont si hauts qu'ils empêchent de voir.
– Oh ! l'ennui !
On entend au-dehors un chant éloigné.
Qu'est ce bruit ?

CASILDA

Ce sont les lavandières
Qui passent en chantant, là-bas, dans les bruyères.
Le chant se rapproche. On distingue les paroles. La reine écoute avidement.

VOIX DU DEHORS

À quoi bon entendre
Les oiseaux des bois ?
L'oiseau le plus tendre
Chante dans ta voix.

Que Dieu montre ou voile
Les astres des cieux !
La plus pure étoile
Brille dans tes yeux.

Qu'avril renouvelle
Le jardin en fleur !
La fleur la plus belle
Fleurit dans ton cœur.

Cet oiseau de flamme,
Cet astre du jour,
Cette fleur de l'âme,
S'appellent l'amour!
Les voix décroissent et s'éloignent.

LA REINE, *rêveuse.*
L'amour! – Oui, celles-là sont heureuses. – Leur voix,
Leur chant me fait du mal et du bien à la fois.

LA DUCHESSE, *aux duègnes•.*
Ces femmes, dont le chant importune la reine,
Qu'on les chasse!

LA REINE, *vivement.*
Comment! on les entend à peine,
Pauvres femmes! Je veux qu'elles passent en paix,
Madame.
À Casilda, en lui montrant une croisée au fond.
Par ici le bois est moins épais,
Cette fenêtre-là donne sur la campagne;
Viens, tâchons de les voir.
Elle se dirige vers la fenêtre avec Casilda.

LA DUCHESSE, *se levant, avec une révérence.*
Une reine d'Espagne
Ne doit pas regarder à la fenêtre.

LA REINE, *s'arrêtant et revenant sur ses pas.*
Allons!
Le beau soleil couchant qui remplit les vallons,
La poudre d'or du soir qui monte sur la route,
Les lointaines chansons que toute oreille écoute,
N'existent plus pour moi! j'ai dit au monde adieu.
Je ne puis même voir la nature de Dieu!
Je ne puis même voir la liberté des autres!

LA DUCHESSE, *faisant signe aux assistants de sortir.*
Sortez. C'est aujourd'hui le jour des saints apôtres.
Casilda fait quelques pas vers la porte. La reine l'arrête.

LA REINE
Tu me quittes?

CASILDA, *montrant la duchesse.*
Madame, on veut que nous sortions.

LA DUCHESSE, *saluant la reine jusqu'à terre.*
Il faut laisser la reine à ses dévotions.
Tous sortent avec de profondes révérences.

Sophie Duez dans le rôle de la reine.
Mise en scène de Jacques Rosner, théâtre de l'Est parisien (1990).

Questions

Compréhension

1. *Quelle valeur peut-on donner à la répétition de l'hémistiche :* « cet homme-là me hait » *(v. 587-588) ? Les deux doivent-ils être dits sur le même ton ? Proposez plusieurs solutions et tentez de décider laquelle vous paraît la plus juste sur le plan dramatique.*

2. *Comment ce détail relatif à Salluste peut-il vous aider à définir l'art de Hugo dans la caractérisation des personnages (v. 600-601) ?*

Écriture

3. *Comment faut-il comprendre l'image de* « l'écorce » *(v. 626) ? Quel est le ton de ce vers ?*

4. *Étudiez l'art du croquis qui mêle l'animal et l'humain dans ce portrait de Guritan (v. 629-632). Comment est-il complété par les vers 669 et 670 ? Quels effets Hugo en tire-t-il ?*

Mise en scène

5. *À partir de la didascalie initiale, montrez que Hugo compose un véritable tableau ; en quoi ce début d'acte est-il essentiellement différent du précédent, sur le plan visuel ?*

6. *Qu'est-ce que le chant apporte à la scène (v. 719-734) ? S'il fallait choisir une musique pour ce chant, quelle tonalité devrait-elle avoir ? dans quel but ? Comment mettre en valeur ses effets par le jeu des personnages en scène ? Auront-ils une attitude identique ?*

SCÈNE 2. LA REINE, *seule.*

À ses dévotions ? dis donc à sa pensée !
Où la fuir maintenant ? Seule ! Ils m'ont tous laissée.
Pauvre esprit sans flambeau dans un chemin obscur !
Rêvant.
Oh ! cette main sanglante empreinte sur le mur !
Il s'est donc blessé ? Dieu ! – Mais aussi c'est sa faute.
Pourquoi vouloir franchir la muraille si haute ?
Pour m'apporter les fleurs qu'on me refuse ici,
Pour cela, pour si peu, s'aventurer ainsi !
C'est aux pointes de fer qu'il s'est blessé sans doute.
Un morceau de dentelle y pendait. Une goutte
De ce sang répandu pour moi vaut tous mes pleurs.
S'enfonçant dans sa rêverie.
Chaque fois qu'à ce banc je vais chercher les fleurs,
Je promets à mon Dieu, dont l'appui me délaisse,
De n'y plus retourner. J'y retourne sans cesse.
– Mais lui ! voilà trois jours qu'il n'est pas revenu.
– Blessé ! – Qui que tu sois, ô jeune homme inconnu,
Toi qui, me voyant seule et loin de ce qui m'aime,
Sans me rien demander, sans rien espérer même,
Viens à moi, sans compter les périls où tu cours ;
Toi qui verses ton sang, toi qui risques tes jours
Pour donner une fleur à la reine d'Espagne ;
Qui que tu sois, ami dont l'ombre m'accompagne,
Puisque mon cœur subit une inflexible loi,
Sois aimé par ta mère et sois béni par moi !
Vivement et portant la main à son cœur.
– Oh ! sa lettre me brûle !
Retombant dans sa rêverie.
Et l'autre ! l'implacable
Don Salluste ! le sort me protège et m'accable.
En même temps qu'un ange, un spectre affreux me suit ;
Et, sans les voir, je sens s'agiter dans ma nuit,
Pour m'amener peut-être à quelque instant suprême,
Un homme qui me hait près d'un homme qui m'aime.
L'un me sauvera-t-il de l'autre ? Je ne sais.
Hélas ! mon destin flotte à deux vents opposés.
Que c'est faible, une reine, et que c'est peu de chose !
Prions.

Elle s'agenouille devant la Madone.

– Secourez-moi, madame ! car je n'ose
Élever mon regard jusqu'à vous !

Elle s'interrompt.

– Ô mon Dieu !
La dentelle, la fleur, la lettre, c'est du feu !

Elle met la main dans sa poitrine et en arrache une lettre froissée, un bouquet desséché de petites fleurs bleues et un morceau de dentelle taché de sang qu'elle jette sur la table, puis elle retombe à genoux.

Vierge, astre de la mer ! Vierge, espoir du martyre !
Aidez-moi ! –

S'interrompant.

Cette lettre !

Se tournant à demi vers la table.

Elle est là qui m'attire.

S'agenouillant de nouveau.

Je ne veux plus la lire ! – Ô reine de douceur !
Vous qu'à tout affligé Jésus donne pour sœur !
Venez, je vous appelle ! –

Elle se lève, fait quelques pas vers la table, puis s'arrête, puis enfin se précipite sur la lettre, comme cédant à une attraction irrésistible.

Oui, je vais la relire
Une dernière fois ! Après, je la déchire !

Avec un sourire triste.

Hélas ! depuis un mois je dis toujours cela.

Elle déplie la lettre résolument et lit.

« Madame, sous vos pieds, dans l'ombre, un homme est [là
« Qui vous aime, perdu dans la nuit qui le voile ;
« Qui souffre, ver de terre amoureux d'une étoile ;
« Qui pour vous donnera son âme, s'il le faut ;
« Et qui se meurt en bas quand vous brillez en haut. »

Elle pose la lettre sur la table.

Quand l'âme a soif, il faut qu'elle se désaltère,
Fût-ce dans du poison !

Elle remet la lettre et la dentelle dans sa poitrine.

Je n'ai rien sur la terre.
Mais enfin il faut bien que j'aime quelqu'un, moi !
Oh ! s'il avait voulu, j'aurais aimé le roi.

Mais il me laisse ainsi, – seule, – d'amour privée.
La grande porte s'ouvre à deux battants. Entre un huissier de chambre en grand costume.

L'HUISSIER, *à haute voix.*
Une lettre du roi!

LA REINE, *comme réveillée en sursaut, avec un cri de joie.*
Du roi! je suis sauvée!

Anne-Marie Philipe dans le rôle de la reine.
Mise en scène de Jean-Pierre Bouvier, Jardin des Tuileries (1976).

Questions

Compréhension

1. *Précisez le sens du vers 755; quelle image suggère-t-il?*

2. *Comment comprendre la dernière réplique de la reine:* « Du roi! je suis sauvée! »

Écriture

3. *Étudiez l'effet produit par les références au sang; en quoi est-ce pour la reine un signe (v. 756-763)? de quelle nature? Analysez d'autre part le jeu d'opposition entre* « il » *sans antécédent et* « on ».

4. *Vers 768-776: quelle forme emprunte ce passage? Si l'on considère les raisons pour lesquelles la reine a été laissée seule, quelle tonalité prend-il? Doit-on en être choqué?*

5. *Commentez l'expression* « ver de terre amoureux d'une étoile » *(v. 798). Sur quelles figures de style se fonde-t-elle? Pourquoi ce choix des deux substantifs? Qui représentent-ils? selon quel caractère?*

6. *Sur l'ensemble de la scène:*
– comment appelle-t-on ce type de passage dans l'écriture dramatique?
– la reine est-elle privée d'interlocuteur?
– de quelle scène – dans le théâtre classique –, de même facture, pouvez-vous le rapprocher?
– comparez les deux techniques de composition;
– qu'est-ce qui caractérise celle de Victor Hugo?

Mise en scène

7. *Quel rôle joue la lettre sur le plan du jeu de scène? sur le plan psychologique?*

SCÈNE 3. LA REINE, LA DUCHESSE D'ALBUQUERQUE, CASILDA, DON GURITAN, FEMMES DE LA REINE, PAGES, RUY BLAS

Tous entrent gravement. La duchesse en tête, puis les femmes. Ruy Blas reste au fond de la chambre. Il est magnifiquement vêtu. Son manteau tombe sur son bras gauche et le cache. Deux pages, portant sur un coussin de drap d'or la lettre du roi, viennent s'agenouiller devant la reine, à quelques pas de distance.

RUY BLAS, *au fond, à part.*
Où suis-je ? – Qu'elle est belle ! – Oh ! pour qui suis-je [ici ?

LA REINE, *à part.*
C'est un secours du ciel !
Haut.
Donnez vite !
Se retournant vers le portrait du roi.
Merci.
Monseigneur !
À la duchesse.
D'où me vient cette lettre ?

LA DUCHESSE
Madame,
D'Aranjuez, où le roi chasse.

LA REINE
Du fond de l'âme
Je lui rends grâce. Il a compris qu'en mon ennui
J'avais besoin d'un mot d'amour qui vînt de lui !
Mais donnez donc !

LA DUCHESSE, *avec une révérence, montrant la lettre.*
L'usage, il faut que je le dise,
Veut que ce soit d'abord moi qui l'ouvre et la lise.

LA REINE
Encore ! – Eh bien, lisez !

La duchesse prend la lettre et la déploie lentement.

CASILDA, *à part.*
Voyons le billet doux.

LA DUCHESSE, *lisant.*
« Madame, il fait grand vent et j'ai tué six loups.
« Signé, CARLOS. »

LA REINE, *à part.*
Hélas !

DON GURITAN, *à la duchesse.*
C'est tout ?

LA DUCHESSE
Oui, seigneur comte.

CASILDA, *à part.*
Il a tué six loups ! comme cela vous monte
L'imagination ! Votre cœur est jaloux,
Tendre, ennuyé, malade ? – Il a tué six loups !

LA DUCHESSE, *à la reine, en lui présentant la lettre.*
Si Sa Majesté veut ?...

LA REINE, *la repoussant.*
Non.

CASILDA, *à la duchesse.*
C'est bien tout ?

LA DUCHESSE
Sans doute.
Que faut-il donc de plus ? Notre roi chasse ; en route
Il écrit ce qu'il tue avec le temps qu'il fait.
C'est fort bien.
Examinant de nouveau la lettre.
Il écrit ? non, il dicte.

LA REINE, *lui arrachant la lettre et l'examinant à son tour.*
En effet,
Ce n'est pas de sa main. Rien que sa signature !
Elle l'examine avec plus d'attention et paraît frappée de stupeur. À part.
Est-ce une illusion ? c'est la même écriture
Que celle de la lettre !
Elle désigne de la main la lettre qu'elle vient de cacher sur son cœur.
Oh ! qu'est-ce que cela ?
À la duchesse.
Où donc est le porteur du message ?

LA DUCHESSE, *montrant Ruy Blas.*
Il est là.

LA REINE, *se tournant à demi vers Ruy Blas.*
Ce jeune homme ?

LA DUCHESSE
C'est lui qui l'apporte en personne.
– Un nouvel écuyer que Sa Majesté donne
À la reine. Un seigneur que, de la part du roi,
Monsieur de Santa-Cruz me recommande, à moi.

LA REINE
Son nom ?

LA DUCHESSE
C'est le seigneur César de Bazan, comte
De Garofa. S'il faut croire ce qu'on raconte,
C'est le plus accompli gentilhomme qui soit.

LA REINE
Bien. Je veux lui parler.
À Ruy Blas.
Monsieur...

RUY BLAS, *à part, tressaillant.*
Elle me voit !
Elle me parle ! Dieu ! je tremble.

LA DUCHESSE, *à Ruy Blas.*

Approchez, comte.

DON GURITAN, *regardant Ruy Blas de travers, à part.*

Ce jeune homme! écuyer! ce n'est pas là mon compte.

Ruy Blas, pâle et troublé, approche à pas lents.

LA REINE, *à Ruy Blas.*

Vous venez d'Aranjuez?

RUY BLAS, *s'inclinant.*

Oui, madame.

LA REINE

Le roi

840 Se porte bien?

Ruy Blas s'incline; elle montre la lettre royale.

Il a dicté ceci pour moi?

RUY BLAS

Il était à cheval. Il a dicté la lettre...

Il hésite un moment.

À l'un des assistants.

LA REINE, *à part, regardant Ruy Blas.*

Son regard me pénètre.

Je n'ose demander à qui.

Haut.

C'est bien, allez.

– Ah! –

Ruy Blas, qui avait fait quelques pas pour sortir, revient vers la reine.

Beaucoup de seigneurs étaient là rassemblés?

À part.

845 Pourquoi donc suis-je émue en voyant ce jeune homme?

Ruy Blas s'incline, elle reprend.

Lesquels?

RUY BLAS

Je ne sais point les noms dont on les nomme.

Je n'ai passé là-bas que des instants fort courts.

Voilà trois jours que j'ai quitté Madrid.

LA REINE, *à part.*

Trois jours !

Elle fixe un regard plein de trouble sur Ruy Blas.

RUY BLAS, *à part.*

C'est la femme d'un autre ! ô jalousie affreuse !
– Et de qui ! – Dans mon cœur un abîme se creuse.

DON GURITAN, *s'approchant de Ruy Blas.*

Vous êtes écuyer de la reine ? Un seul mot.
Vous connaissez quel est votre service ? Il faut
Vous tenir cette nuit dans la chambre prochaine[1]
Afin d'ouvrir au roi, s'il venait chez la reine.

RUY BLAS, *tressaillant.*

À part.

Ouvrir au roi ! moi !

Haut.

Mais... il est absent.

DON GURITAN

Le roi

Peut-il pas[2] arriver à l'improviste ?

RUY BLAS, *à part.*

Quoi !

DON GURITAN, *à part, observant Ruy Blas.*

Qu'a-t-il ?

LA REINE, *qui a tout entendu et dont le regard est fixé sur Ruy Blas.*

Comme il pâlit !

Ruy Blas chancelant s'appuie sur le bras d'un fauteuil.

1. *prochaine* : au sens premier, proche, voisine.
2. *Peut-il pas* : construction identique à celle du vers 605, page 54.

CASILDA, *à la reine.*

Madame, ce jeune homme
Se trouve mal !

RUY BLAS, *se soutenant à peine.*

– Moi, non ! mais c'est singulier comme...
Le grand air... le soleil... la longueur du chemin...
À part.
– Ouvrir au roi !
Il tombe épuisé sur un fauteuil. Son manteau se dérange et laisse voir sa main gauche enveloppée de linges ensanglantés.

CASILDA

Grand Dieu, madame ! à cette main
Il est blessé !

LA REINE

Blessé !

CASILDA

Mais il perd connaissance !
Mais, vite, faisons-lui respirer quelque essence !

LA REINE, *fouillant dans sa gorgerette•.*

Un flacon que j'ai là contient une liqueur...
En ce moment son regard tombe sur la manchette que Ruy Blas porte au bras droit.
À part.
C'est la même dentelle !
Au même instant, elle a tiré le flacon de sa poitrine, et, dans son trouble, elle a pris en même temps le morceau de dentelle qui y était caché. Ruy Blas, qui ne la quitte pas des yeux, voit cette dentelle sortir du sein de la reine.

RUY BLAS, *éperdu.*

Oh !
Le regard de la reine et le regard de Ruy Blas se rencontrent. Un silence.

LA REINE, *à part.*

C'est lui !

RUY BLAS, *à part.*

Sur son cœur !

LA REINE, *à part.*

C'est lui !

RUY BLAS, *à part.*

Faites, mon Dieu, qu'en ce moment je meure !

Dans le désordre de toutes les femmes s'empressant autour de Ruy Blas, ce qui se passe entre la reine et lui n'est remarqué de personne.

CASILDA, *faisant respirer le flacon à Ruy Blas.*

Comment vous êtes-vous blessé ? c'est tout à l'heure ?
Non ? cela s'est rouvert en route ? Aussi pourquoi
Vous charger d'apporter le message du roi ?

LA REINE, *à Casilda.*

Vous finirez bientôt vos questions, j'espère.

LA DUCHESSE, *à Casilda.*

Qu'est-ce que cela fait à la reine, ma chère ?

LA REINE

Puisqu'il avait écrit la lettre, il pouvait bien
L'apporter, n'est-ce pas ?

CASILDA

Mais il n'a dit en rien
Qu'il eût écrit la lettre.

LA REINE, *à part.*

Oh !

À Casilda.

Tais-toi !

CASILDA, *à Ruy Blas*

Votre Grâce

Se trouve-t-elle mieux?

RUY BLAS

Je renais!

LA REINE, *à ses femmes.*

L'heure passe,

Rentrons. – Qu'en son logis le comte soit conduit.

Aux pages, au fond.

Vous savez que le roi ne vient pas cette nuit.
Il passe la saison tout entière à la chasse.

Elle rentre avec sa suite dans ses appartements.

CASILDA, *la regardant sortir.*

La reine a dans l'esprit quelque chose.

Elle sort par la même porte que la reine en emportant la petite cassette aux reliques.

RUY BLAS, *resté seul.*

Il semble écouter encore quelque temps avec une joie profonde les dernières paroles de la reine. Il paraît comme en proie à un rêve. Le morceau de dentelle, que la reine a laissé tomber dans son trouble, est resté à terre sur le tapis. Il le ramasse, le regarde avec amour, et le couvre de baisers. Puis il lève les yeux au ciel.

Ô Dieu! grâce!

Ne me rendez pas fou!

Regardant le morceau de dentelle.

C'était bien sur son cœur!

Il le cache dans sa poitrine. Entre don Guritan. Il revient par la porte de la chambre où il a suivi la reine. Il marche à pas lents vers Ruy Blas. Arrivé près de lui sans dire un mot, il tire à demi son épée, et la mesure du regard avec celle de Ruy Blas. Elles sont inégales. Il remet son épée dans le fourreau. Ruy Blas le regarde avec étonnement.

Questions

Préparation à la lecture méthodique

• **Vers 839-865 : la première « rencontre » entre la reine et Ruy Blas**

1. *Quelle est, au début de la scène, la valeur des paroles que Ruy Blas et la reine échangent ? Qu'est-ce qui les rend nécessaires ?*

2. *Relevez le nombre d'apartés de chacun; comment expliquer leur abondance ?*

3. *Examinez les didascalies : leur nombre, ce à quoi, majoritairement, elles sont consacrées. Qu'en déduisez-vous ?*

4. *Quels gestes, événements, prennent place dans cette scène constituant un réseau de signes pour les deux personnages, à l'exclusion des autres ?*

5. *Quelle vérité naît peu à peu à la conscience des deux personnages ? Marquez-en les étapes.*

6. *Sur cette scène, quel est le point de vue de Casilda ? celui de Guritan ?*

7. *De son côté, comment le spectateur perçoit-il la scène ?*

8. *Dégagez, enfin, ce qui fait l'originalité de cette scène, ce qui fait son « efficacité » théâtrale.*

9. *Connaissez-vous d'autres scènes de première rencontre au théâtre, tant dans le répertoire français qu'étranger ? Que peut-on en conclure sur l'esthétique hugolienne ?*

Compréhension

10. *D'après la didascalie initiale, quel est le « ton »,* a priori, *de la scène ?*

11. *Qui désigne le* « qui » *de* « pour qui suis-je ici ? » *(v. 807) ? N'y a-t-il qu'une solution ?*

12. *Vers 811 et 812 : quels sentiments expriment clairement ces deux vers ? Quels sentiments expriment-t-ils de façon sous-jacente, rendus perceptibles pour le spectateur par la scène précédente ?*

13. *Quel est l'effet produit par le* « message » *du roi : sur la reine ? sur Ruy Blas (bien qu'il en connaisse déjà le contenu) ? sur Casilda ? sur le spectateur ?*

14. *Comparez les gestes de la reine. Commentez leur différence, par rapport à la scène précédente (v. 821 et v. 824).*

Ruy Blas (Gérard Philipe) dans une mise en scène de Jean Vilar, TNP (1954).

SCÈNE 4. RUY BLAS, DON GURITAN, *puis* CASILDA

DON GURITAN, *repoussant son épée dans le fourreau.*
J'en apporterai deux de pareille longueur.

RUY BLAS
Monsieur, que signifie ?...

DON GURITAN, *avec gravité.*
En mil six cent cinquante,
J'étais très amoureux. J'habitais Alicante.
Un jeune homme bien fait, beau comme les amours,
Regardait de fort près ma maîtresse, et toujours
Passait sous son balcon, devant la cathédrale,
Plus fier qu'un capitan sur la barque amirale.
Il avait nom Vasquez, seigneur, quoique bâtard.
Je le tuai. –
Ruy Blas veut l'interrompre, don Guritan l'arrête du geste, et continue.
Vers l'an soixante-six, plus tard,
Gil, comte d'Iscola, cavalier magnifique,
Envoya chez ma belle, appelée Angélique,
Avec un billet doux, qu'elle me présenta,
Un esclave nommé Grifel de Viserta.
Je fis tuer l'esclave et je tuai le maître.

RUY BLAS
Monsieur !

DON GURITAN, *poursuivant.*
Plus tard, vers l'an quatre-vingts, je crus être
Trompé par ma beauté, fille aux tendres façons,
Pour Tirso Gamonal, un de ces beaux garçons
Dont le visage altier et charmant s'accommode
D'un panache éclatant. C'est l'époque où la mode
Était qu'on fît ferrer ses mules en or fin.
Je tuai don Tirso Gamonal.

RUY BLAS
Mais enfin
Que veut dire cela, monsieur ?

DON GURITAN

Cela veut dire,
Comte, qu'il sort de l'eau du puits quand on en tire ;
Que le soleil se lève à quatre heures demain ;
Qu'il est un lieu désert et loin de tout chemin,
Commode aux gens de cœur, derrière la chapelle ;
Qu'on vous nomme, je crois, César, et qu'on m'appelle
Don Gaspar Guritan Tassis y Guervarra,
Comte d'Oñate.

RUY BLAS, *froidement.*

Bien, monsieur. On y sera.

Depuis quelques instants, Casilda, curieuse, est entrée à pas de loup par la petite porte du fond et a écouté les dernières paroles des deux interlocuteurs sans être vue d'eux.

CASILDA, *à part.*

Un duel ! avertissons la reine.

Elle rentre et disparaît par la petite porte.

DON GURITAN, *toujours imperturbable.*

En vos études,
S'il vous plaît de connaître un peu mes habitudes,
Pour votre instruction, monsieur, je vous dirai
Que je n'ai jamais eu qu'un goût fort modéré
Pour ces godelureaux•, grands friseurs de moustache,
Beaux damerets• sur qui l'œil des femmes s'attache,
Qui sont tantôt plaintifs et tantôt radieux,
Et qui dans les maisons, faisant force clins d'yeux,
Prenant sur les fauteuils d'adorables tournures,
Viennent s'évanouir pour des égratignures.

RUY BLAS

Mais – je ne comprends pas.

DON GURITAN

Vous comprenez fort bien.
Nous sommes tous les deux épris du même bien.
L'un de nous est de trop dans ce palais. En somme,
Vous êtes écuyer, moi je suis majordome•.
Droits pareils. Au surplus, je suis mal partagé,

La partie entre nous n'est pas égale : j'ai
Le droit du plus ancien, vous le droit du plus jeune.
Donc vous me faites peur. À la table où je jeûne
Voir un jeune affamé s'asseoir avec des dents
Effrayantes, un air vainqueur, des yeux ardents,
Cela me trouble fort. Quant à lutter ensemble
Sur le terrain d'amour, beau champ qui toujours tremble,
De fadaises, mon cher, je sais mal faire assaut ;
J'ai la goutte ; et d'ailleurs ne suis point assez sot
Pour disputer le cœur d'aucune Pénélope
Contre un jeune gaillard si prompt à la syncope.
C'est pourquoi, vous trouvant fort beau, fort caressant,
Fort gracieux, fort tendre et fort intéressant,
Il faut que je vous tue.

RUY BLAS

Eh bien, essayez.

DON GURITAN

Comte
De Garofa, demain, à l'heure où le jour monte,
À l'endroit indiqué, sans témoin ni valet,
Nous nous égorgerons galamment, s'il vous plaît,
Avec l'épée et dague, en dignes gentilshommes,
Comme il sied quand on est des maisons dont nous
[sommes.
Il tend la main à Ruy Blas, qui la lui prend.

RUY BLAS
Pas un mot de ceci, n'est-ce pas ? –
Le comte fait un signe d'adhésion.
À demain.

Ruy Blas sort.

DON GURITAN, *resté seul.*
Non, je n'ai pas du tout senti trembler sa main.
Être sûr de mourir et faire de la sorte,
C'est d'un brave jeune homme !
Bruit d'une clef à la petite porte de la chambre de la reine. Don Guritan se retourne.
On ouvre cette porte ?

La reine paraît et marche vivement vers don Guritan, surpris et charmé de la voir. Elle tient entre ses mains la petite cassette.

Sarah Bernhardt (1844-1923) dans le rôle de la reine.
Bibliothèque de l'Arsenal, Fonds Rondel.

Questions

Compréhension

1. *Quel âge peut avoir Guritan, compte tenu des indications de date qu'il donne ?*

2. *Quel effet produit, sur Ruy Blas, la triple intervention de Guritan ? et sur le spectateur ?*

3. *De qui Guritan fait-il ici le portrait (v. 911-918) ? Ne peut-on également y percevoir un second portrait en « creux » ?*

Écriture

4. *Les deuxième, troisième et quatrième répliques de Guritan sont bâties sur le même modèle. Quel est-il ? Quelle est leur chute commune ?*

5. *Vers 926 (deuxième hémistiche) et suivants : à quelle réalité renvoie l'image ici développée ? Cette image vous paraît-elle bien appropriée pour la désigner ? Qu'est-ce que ce choix nous dit du personnage de Guritan ?*

6. « C'est pourquoi [...] Il faut que je vous tue » *: analysez sur le plan grammatical le fonctionnement de cette phrase (v. 935-937). Quel effet produit cette formulation ?*

7. *Comment cette scène nous permet-elle de mieux connaître Guritan ? Que penser de ce personnage : est-il ridicule ? émouvant ? Quels éléments inclinent vers l'un, vers l'autre ? Comparez le personnage avec le poète qui écrit les* Stances à marquise *(Corneille).*

SCÈNE 5. DON GURITAN, LA REINE

LA REINE, *avec un sourire.*
C'est vous que je cherchais !

DON GURITAN, *ravi.*
Qui[1] me vaut ce bonheur ?

LA REINE, *posant la cassette sur le guéridon.*
Oh Dieu ! rien, ou du moins peu de chose, seigneur.
Elle rit.
Tout à l'heure on disait parmi d'autres paroles,
Casilda, – vous savez que les femmes sont folles, –
Casilda soutenait que vous feriez pour moi
Tout ce que je voudrais.

DON GURITAN
Elle a raison !

LA REINE, *riant.*
Ma foi,
J'ai soutenu que non.

DON GURITAN
Vous avez tort, madame !

LA REINE
Elle a dit que pour moi vous donneriez votre âme,
Votre sang...

DON GURITAN
Casilda parlait fort bien ainsi.

LA REINE
Et moi, j'ai dit que non.

DON GURITAN
Et moi, je dis que si !

1. *Qui* : équivalent de l'actuel « Qu'est-ce qui ? »

Pour Votre Majesté, je suis prêt à tout faire.

LA REINE
Tout ?

DON GURITAN
Tout !

LA REINE
Eh bien, voyons, jurez que pour me plaire
Vous ferez à l'instant ce que je vous dirai.

DON GURITAN
Par le saint roi Gaspar[1], mon patron vénéré,
Je le jure ! ordonnez. J'obéis, ou je meure !

LA REINE, *prenant la cassette.*
Bien. Vous allez partir de Madrid tout à l'heure[2]
Pour porter cette boîte en bois de calambour•
À mon père monsieur l'électeur de Neubourg.

DON GURITAN, *à part.*
Je suis pris !
Haut.
À Neubourg !

LA REINE
À Neubourg.

DON GURITAN
Six cents lieues !

LA REINE
Cinq cent cinquante.
Elle montre la housse de soie qui enveloppe la cassette.
Ayez grand soin des franges bleues.
Cela peut se faner en route.

---

1. *Gaspar* : l'un des trois rois mages, avec Melchior et Balthazar.
2. *tout à l'heure* : au sens classique, « sur-le-champ ».

DON GURITAN

Et quand partir ?

LA REINE

Sur-le-champ.

DON GURITAN

Ah ! demain !

LA REINE

Je n'y puis consentir.

DON GURITAN, *à part.*

Je suis pris !

Haut.

Mais...

LA REINE

Partez !

DON GURITAN

Quoi ?...

LA REINE

J'ai votre parole.

DON GURITAN

Une affaire...

LA REINE

Impossible.

DON GURITAN

Un objet si frivole...

LA REINE

Vite !

DON GURITAN

Un seul jour !

LA REINE

Néant.

DON GURITAN

Car...

LA REINE

Faites à mon gré.

DON GURITAN

Je...

LA REINE

Non.

DON GURITAN

Mais...

LA REINE

Partez !

DON GURITAN

Si...

LA REINE

Je vous embrasserai !

Elle lui saute au cou et l'embrasse.

DON GURITAN, *fâché et charmé.*

Haut.

Je ne résiste plus. J'obéirai, madame.

À part.

Dieu s'est fait homme ; soit. Le diable s'est fait femme !

LA REINE, *montrant la fenêtre.*

Une voiture en bas est là qui vous attend.

DON GURITAN

Elle avait tout prévu !

Il écrit sur un papier quelques mots à la hâte et agite une sonnette.

Un page paraît.

Page, porte à l'instant
Au seigneur don César de Bazan cette lettre.
À part.
Ce duel! à mon retour il faut bien le remettre.
Je reviendrai!
Haut.
Je vais contenter de ce pas
Votre Majesté.

LA REINE

Bien.

Il prend la cassette, baise la main de la reine, salue profondément et sort. Un moment après, on entend le roulement d'une voiture qui s'éloigne.

LA REINE, *tombant sur un fauteuil.*

Il ne le tuera pas!

Don Guritan (Jacques Eyser) et la reine (Geneviève Casile).
Mise en scène de Jacques Destoop, Comédie-Française (1979).

Questions

Compréhension

1. *Quel type de rapport s'instaure dans cette scène entre la reine et Guritan ?*

2. *Quel rôle jouent les rires et les sourires de la reine ?*

3. *La scène est une petite comédie à elle seule : quelle en serait l'intrigue ? Quels en seraient les éléments d'exposition ? les éléments de dénouement ?*

4. *Commentez la didascalie qui précède le vers 973 :* « fâché et charmé ».

5. *Rapprochez l'ensemble de la scène des vers 623-629 (II, 1) ; quel effet produit ce rapprochement ?*

Écriture

6. *Vers 965-973 : étudiez le morcellement des vers ; quelles sont les conséquences au niveau du rythme et du jeu ? Quelle serait la difficulté rencontrée par les comédiens, dans l'interprétation de ce type de passage ?*

7. *Comment Hugo joue-t-il sur les mots (v. 974) ? Quelle est la portée d'une telle « maxime » ?*

Bilan

L'action

Elle se déroule quelques mois après le premier acte, ce qui justifie que Ruy Blas apparaisse métamorphosé en écuyer du roi.
L'événement majeur de cet acte est la rencontre entre la reine et Ruy Blas. Victor Hugo la place au centre de l'acte. Il la prépare doublement.
D'une part, il compose, avec la première scène, un tableau quasi carcéral de la condition de la reine ; le rôle de la duchesse d'Albuquerque est entièrement écrit au service de cet effet. La rencontre avec Ruy Blas est posée comme impossible.
D'autre part, la scène 2 nous place en position d'écoute privilégiée : les sentiments de la reine à l'égard de l'inconnu rendent possible la réciprocité de l'amour.
La rencontre se produira donc et tout l'art de Victor Hugo est de permettre aux deux personnages de la vivre intensément sous le regard des autres qui n'en perçoivent rien : à l'exception de Guritan, toutefois, alerté parce qu'amoureux lui-même.

Les personnages

C'est ***la reine*** *qui occupe l'acte de façon centrale : ici encore, comme au premier acte, le titre est significatif. Le lieu est le sien : ce sont ses appartements, et il est donc tout naturel qu'elle y ait cette place sur le plan dramatique (ce qui n'était pas le cas de Salluste, au premier acte).*
La reine n'avait fait qu'un bref passage dans l'acte I, placé sous le signe du rituel de cour ; ici, c'est de façon beaucoup plus intime et profonde que Hugo nous la fait connaître, à la fois dans sa fonction de reine, comme le montrent le souvenir qu'elle a de sa dernière rencontre avec Salluste ainsi que la pitié qu'elle éprouve à l'égard des pauvres, et comme femme : sa souffrance de ne jamais voir le roi, et son émoi à l'égard de l'inconnu qui cueille des fleurs à son intention au risque de se blesser et lui écrit de tendres billets. C'est un personnage tour à tour grave, tourmenté, mutin, joueur.
Après elle, c'est ***Guritan*** *qui occupe l'une des places les plus importantes. On ne l'a pas aperçu au premier acte, seul son nom a été mentionné. Son rôle de vieil amoureux transi en fait une figure orientée vers le comique, sans que le personnage soit pour autant monolithique et caricatural.*

***Ruy Blas** apparaît également, mais sans qu'il puisse s'exprimer très largement. Le spectateur perçoit ses émotions, mais de façon fugitive : la plupart des autres personnages n'y sont pas sensibles.*

Cet acte II est donc celui qui rend possible le rêve insensé que Ruy Blas exprimait à l'acte I. Tout semble sourire au héros, et particulièrement sur le plan sentimental ; même Guritan qui représentait un obstacle est éliminé par la reine. Une perspective heureuse s'ouvre devant les deux héros et l'acte III devrait, en toute logique, développer cette perspective. Cependant Hugo a pris soin de rappeler, par le biais du souvenir de la reine, l'existence inquiétante de Salluste, certes en exil ; si la reine éprouve une crainte diffuse, le spectateur, quant à lui, sait que la réunion du couple Ruy Blas / Reine est un des éléments de son projet de vengeance. La perspective de bonheur est donc incontestablement ambiguë.

Décor dessiné par Jacques Valnay pour le troisième acte de Ruy Blas.
Bibliothèque de la Comédie-Française.

ACTE III

Ruy Blas

La salle dite salle de gouvernement, *dans le palais du roi à Madrid. Au fond, une grande porte élevée au-dessus de quelques marches. Dans l'angle à gauche, un pan coupé fermé par une tapisserie de haute lice•. Dans l'angle opposé, une fenêtre. À droite, une table carrée, revêtue d'un tapis de velours vert, autour de laquelle sont rangés des tabourets pour huit ou dix personnes correspondant à autant de pupitres placés sur la table. Le côté de la table qui fait face aux spectateurs est occupé par un grand fauteuil recouvert de drap d'or surmonté d'un dais en drap d'or, aux armes d'Espagne, timbrées de la couronne royale. À côté de ce fauteuil, une chaise. Au moment où le rideau se lève, la junte•* du Despacho universal *(Conseil privé du roi) est au moment de prendre séance.*

SCÈNE 1. Don Manuel Arias, président de Castille ; Don Pedro Velez de Guevarra, comte de Camporeal, *conseiller de cape et d'épée de la contaduria mayor•* ; Don Fernando de Cordova y Aguilar, marquis de Priego, *même qualité* ; Antonio Ubilla, *écrivain mayor*[1] *des rentes* ; Montazgo, *conseiller de robe de la chambre des Indes* ; Covadenga, *secrétaire suprême des Îles. Plusieurs autres conseillers. Les conseillers de robe vêtus de noir. Les autres en habit de cour. Camporeal a la croix de Calatrava*[2] *au manteau. Priego, la toison d'or• au cou.*

---

1. *écrivain mayor* : greffier.
2. *Calatrava* : nom d'un ordre religieux et militaire fondé en 1158, pour lutter contre les Maures.

Don Manuel Arias, président de Castille, et le comte de Camporeal causent à voix basse, et entre eux, sur le devant. Les autres conseillers font des groupes çà et là dans la salle.

DON MANUEL ARIAS
Cette fortune-là cache quelque mystère.

LE COMTE DE CAMPOREAL
Il a la toison d'or•. Le voilà secrétaire
Universel[1], ministre, et puis duc d'Olmedo!

DON MANUEL ARIAS
En six mois!

LE COMTE DE CAMPOREAL
On le sert derrière le rideau.

DON MANUEL ARIAS, *mystérieusement.*
La reine!

LE COMTE DE CAMPOREAL
Au fait, le roi, malade et fou dans l'âme,
Vit avec le tombeau de sa première femme[2].
Il abdique, enfermé dans son Escurial•,
Et la reine fait tout!

DON MANUEL ARIAS
Mon cher Camporeal,
Elle règne sur nous, et don César sur elle!

LE COMTE DE CAMPOREAL
Il vit d'une façon qui n'est pas naturelle.
D'abord, quant à la reine, il ne la voit jamais.
Ils paraissent se fuir. Vous me direz non, mais
Comme depuis six mois je les guette, et pour cause,

1. *secrétaire universel* : secrétaire d'État et du Conseil privé.
2. *le tombeau de sa première femme* : c'est celui de Marie-Louise d'Orléans, décédée en 1689.

J'en suis sûr. Puis il a le caprice morose
D'habiter, assez près de l'hôtel de Tormez,
Un logis aveuglé par des volets fermés,
Avec deux laquais noirs, gardeurs de portes closes,
Qui, s'ils n'étaient muets, diraient beaucoup de choses.

DON MANUEL ARIAS
Des muets?

LE COMTE DE CAMPOREAL
Des muets. – Tous ses autres valets
Restent au logement qu'il a dans le palais.

DON MANUEL ARIAS
C'est singulier.

DON ANTONIO UBILLA, *qui s'est approché d'eux depuis quelques instants.*
Il est de grande race, en somme.

LE COMTE DE CAMPOREAL
L'étrange, c'est qu'il veut faire son honnête homme!
À don Manuel Arias.
– Il est cousin, – aussi Santa-Cruz l'a poussé, –
De ce marquis Salluste écroulé l'an passé.
Jadis, ce don César, aujourd'hui notre maître,
Était le plus grand fou que la lune eût vu naître.
C'était un drôle, – on sait des gens qui l'ont connu, –
Qui prit un beau matin son fonds pour revenu,
Qui changeait tous les jours de femmes, de carrosses,
Et dont la fantaisie avait des dents féroces
Capables de manger en un an le Pérou[1].
Un jour il s'en alla, sans qu'on ait su par où.

DON MANUEL ARIAS
L'âge a du fou joyeux fait un sage fort rude.

1. *Pérou* : la plus riche des provinces espagnoles d'Amérique du Sud.

LE COMTE DE CAMPOREAL
Toute fille de joie en séchant devient prude.

UBILLA
Je le crois homme probe.

LE COMTE DE CAMPOREAL, *riant.*
Oh! candide Ubilla!
Qui se laisse éblouir à ces probités-là!
D'un ton significatif.
La Maison de la reine, ordinaire et civile,
Appuyant sur les chiffres.
Coûte par an six cent soixante-quatre mille
Soixante-six ducats! – c'est un pactole[1] obscur
Où, certe, on doit jeter le filet à coup sûr.
Eau trouble, pêche claire.

LE MARQUIS DE PRIEGO, *survenant.*
Ah ça, ne vous déplaise,
Je vous trouve imprudents et parlant fort à l'aise.
Feu mon grand-père, auprès du comte-duc nourri,
Disait : – Mordez le roi, baisez le favori. –
Messieurs, occupons-nous des affaires publiques.
Tous s'asseyent autour de la table; les uns prennent des plumes, les autres feuillettent des papiers. Du reste, oisiveté générale. Moment de silence.

MONTAZGO, *bas à Ubilla.*
Je vous ai demandé sur la caisse aux reliques[2]
De quoi payer l'emploi d'alcade• à mon neveu.

UBILLA, *bas.*
Vous, vous m'aviez promis de nommer avant peu
Mon cousin Melchior d'Elva bailli de l'Èbre.

---

1. *pactole* : au sens premier, Pactole est un petit fleuve de Lydie qui charriait de l'or; au sens figuré, source de grandes richesses.
2. *la caisse aux reliques* : produit des taxes dues par les pèlerins qui venaient vénérer des reliques.

MONTAZGO, *se récriant.*
Nous venons de doter votre fille. On célèbre
Encor sa noce. – On est sans relâche assailli...

UBILLA, *bas.*
Vous aurez votre alcade•...

MONTAZGO, *bas.*
Et vous votre bailli.
Ils se serrent la main.

COVADENGA, *se levant.*
Messieurs les conseillers de Castille, il importe,
Afin qu'aucun de nous de sa sphère ne sorte,
De bien régler nos droits et de faire nos parts.
Le revenu d'Espagne en cent mains est épars.
C'est un malheur public, il y faut mettre un terme.
Les uns n'ont pas assez, les autres trop. La ferme
Du tabac est à vous, Ubilla. L'indigo•
Et le musc• sont à vous, marquis de Priego.
Camporeal perçoit l'impôt des huit mille hommes,
L'almojarifazgo[1], le sel, mille autres sommes,
Le quint[2] du cent de l'or, de l'ambre et du jayet•.
À Montazgo.
Vous qui me regardez de cet œil inquiet,
Vous avez à vous seul, grâce à votre manège,
L'impôt sur l'arsenic et le droit sur la neige ;
Vous avez les ports secs[3], les cartes, le laiton,
L'amende des bourgeois qu'on punit du bâton,
La dîme de la mer[4], le plomb, le bois de rose... –
Moi, je n'ai rien, messieurs. Rendez-moi quelque chose !

1. *almojarifazgo* : mot arabe par lequel on désignait, dans l'ancienne monarchie espagnole, le tribut de cinq pour cent versé au roi sur toutes les marchandises qui allaient d'Espagne aux Indes (en fait l'Amérique).
2. *quint* : impôt de cinq pour cent.
3. *ports secs* : villes frontières qui étaient soumises à un droit de douane.
4. *La dîme de la mer* : impôt de dix pour cent dû sur les marchandises venues par mer, transitant par l'Espagne.

LE COMTE DE CAMPOREAL, *éclatant de rire.*
Oh ! le vieux diable ! il prend les profits les plus clairs.
Excepté l'Inde, il a les îles des deux mers.
Quelle envergure ! il tient Mayorque d'une griffe,
Et de l'autre il s'accroche au pic de Ténériffe !

COVADENGA, *s'échauffant.*
Moi, je n'ai rien !

LE MARQUIS DE PRIEGO, *riant.*
Il a les nègres !
Tous se lèvent et parlent à la fois, se querellant.

MONTAZGO
Je devrais
Me plaindre bien plutôt. Il me faut les forêts !

COVADENGA, *au marquis de Priego.*
Donnez-moi l'arsenic, je vous cède les nègres !

Depuis quelques instants, Ruy Blas est entré par la porte du fond et assiste à la scène sans être vu des interlocuteurs. Il est vêtu de velours noir, avec un manteau de velours écarlate ; il a la plume blanche au chapeau et la toison d'or• *au cou. Il les écoute d'abord en silence, puis, tout à coup, il s'avance à pas lents et paraît au milieu d'eux au plus fort de la querelle.*

Questions

Compréhension

1. *Pourquoi le mode de vie du duc d'Olmedo, alias Ruy Blas, ne semble-t-il pas* « naturel » *au comte ? Qu'est-ce qui le serait à ses yeux ? Pourquoi ces indications sont-elles précieuses pour le spectateur ? (v. 990 et suivants.)*

2. *Vers 1014 : expliquez le sens de ce vers à l'allure de maxime. Comment éclaire-t-il la conduite de Ruy Blas ? Ne pourrait-on y percevoir l'écho d'une scène célèbre du* Misanthrope *de Molière ?*

3. *Dans la première partie de la scène, à partir de quel moment le spectateur comprend-il que les grands* parlent de Ruy Blas (v. 981-1025) ? Quel portrait en font-ils ? Percevez-vous des différences entre leurs perceptions du héros ? Comment les expliquez-vous ?*

4. *Quel est l'intérêt dramatique de la deuxième partie de la scène (à partir du vers 1025) ?*

Écriture

5. « Vous me direz [...] J'en suis sûr » *(v. 992-994) : étudiez les effets de versification ; comment les justifiez-vous ?*

Mise en scène

6. *Le lever de rideau de l'acte III : d'après les didascalies du début d'acte et de la scène 1, quel est le type d'effet recherché ici ? Comparez avec les levers de rideau de l'acte I et de l'acte II.*

7. *Après le vers 1055, Victor Hugo indique* « Tous se lèvent et parlent à la fois, se querellant » *: qu'est-ce que cela suppose au niveau de la structure du texte ? Que devient le vers ? Quel effet est, là encore, recherché ?*

SCÈNE 2. LES MÊMES, RUY BLAS, *puis* UN HUISSIER, UN PAGE

RUY BLAS, *survenant.*
Bon appétit, messieurs! –
Tous se retournent. Silence de surprise et d'inquiétude. Ruy Blas se couvre, croise les bras, et poursuit en les regardant en face.
Ô ministres intègres!
Conseillers vertueux! voilà votre façon
De servir, serviteurs qui pillez la maison!
Donc vous n'avez pas honte et vous choisissez l'heure,
L'heure sombre où l'Espagne agonisante pleure!
Donc vous n'avez ici pas d'autres intérêts
Que remplir votre poche et vous enfuir après!
Soyez flétris, devant votre pays qui tombe,
Fossoyeurs qui venez le voler dans sa tombe!
– Mais voyez, regardez, ayez quelque pudeur.
L'Espagne et sa vertu, l'Espagne et sa grandeur,
Tout s'en va. – Nous avons, depuis Philippe Quatre,
Perdu le Portugal, le Brésil, sans combattre;
En Alsace Brisach, Steinfort en Luxembourg,
Et toute la Comté jusqu'au dernier faubourg;
Le Roussillon, Ormuz[1], Goa[2], cinq mille lieues
De côte, et Pernambouc[3], et les montagnes Bleues[4]!
Mais voyez. – Du ponant jusques à l'orient,
L'Europe, qui vous hait, vous regarde en riant.
Comme si votre roi n'était plus qu'un fantôme,
La Hollande et l'Anglais partagent ce royaume;
Rome vous trompe; il faut ne risquer qu'à demi
Une armée en Piémont, quoique pays ami;
La Savoie et son duc sont pleins de précipices.

---

1. *Ormuz* : port du golfe Persique repris à l'Espagne par un sultan local (1623).
2. *Goa* : colonie portugaise depuis 1640.
3. *Pernambouc* : ou Fernambouc (aujourd'hui, Recife), province orientale du Brésil, devenue colonie portugaise.
4. *montagnes Bleues* : monts Alleghanys, en Amérique du Nord, devenues anglaises en 1655.

La France, pour vous prendre, attend des jours propices.
L'Autriche aussi vous guette. Et l'infant bavarois
Se meurt, vous le savez. – Quant à vos vice-rois,
Médina, fou d'amour, emplit Naples d'esclandres,
Vaudémont vend Milan, Legañez perd les Flandres.
Quel remède à cela? – L'État est indigent,
L'État est épuisé de troupes et d'argent;
Nous avons sur la mer, où Dieu met ses colères,
Perdu trois cents vaisseaux, sans compter les galères.
Et vous osez!... – Messieurs, en vingt ans, songez-y,
Le peuple, – j'en ai fait le compte, et c'est ainsi! –
Portant sa charge énorme et sous laquelle il ploie,
Pour vous, pour vos plaisirs, pour vos filles de joie,
Le peuple misérable, et qu'on pressure encor,
A sué quatre cent trente millions d'or!
Et ce n'est pas assez! et vous voulez, mes maîtres!... –
Ah! j'ai honte pour vous! – Au-dedans, routiers,
[reîtres•,
Vont battant le pays et brûlant la moisson.
L'escopette• est braquée au coin de tout buisson.
Comme si c'était peu de la guerre des princes,
Guerre entre les couvents, guerre entre les provinces,
Tous voulant dévorer leur voisin éperdu,
Morsures d'affamés sur un vaisseau perdu!
Notre église en ruine est pleine de couleuvres;
L'herbe y croît. Quant aux grands•, des aïeux, mais pas
[d'œuvres.
Tout se fait par intrigue et rien par loyauté.
L'Espagne est un égout où vient l'impureté
De toute nation. Tout seigneur à ses gages
A cent coupe-jarrets• qui parlent cent langages.
Génois, sardes, flamands. Babel est dans Madrid.
L'alguazil•, dur au pauvre, au riche s'attendrit.
La nuit on assassine, et chacun crie : À l'aide!
– Hier on m'a volé, moi, près du pont de Tolède! –
La moitié de Madrid pille l'autre moitié.
Tous les juges vendus. Pas un soldat payé.
Anciens vainqueurs du monde, Espagnols que nous
[sommes,
Quelle armée avons-nous? À peine six mille hommes,
Qui vont pieds nus. Des gueux, des juifs, des montagnards,

S'habillant d'une loque et s'armant de poignards.
Aussi d'un régiment toute bande se double.
Sitôt que la nuit tombe, il est une heure trouble
Où le soldat douteux se transforme en larron.
Matalobos a plus de troupes qu'un baron.
Un voleur fait chez lui la guerre au roi d'Espagne.
Hélas ! les paysans qui sont dans la campagne
Insultent en passant la voiture du roi.
Et lui, votre seigneur, plein de deuil et d'effroi,
Seul, dans l'Escurial•, avec les morts qu'il foule[1],
Courbe son front pensif sur qui l'empire croule !
– Voilà ! – L'Europe, hélas ! écrase du talon
Ce pays qui fut pourpre et n'est plus que haillon.
L'État s'est ruiné dans ce siècle funeste,
Et vous vous disputez à qui prendra le reste !
Ce grand peuple espagnol aux membres énervés[2],
Qui s'est couché dans l'ombre et sur qui vous vivez,
Expire dans cet antre où son sort se termine,
Triste comme un lion mangé par la vermine !
– Charles Quint, dans ces temps d'opprobre et de
[terreur,
Que fais-tu dans ta tombe, ô puissant empereur ?
Oh ! lève-toi ! viens voir ! – Les bons font place aux pires.
Ce royaume effrayant, fait d'un amas d'empires,
Penche... Il nous faut ton bras ! Au secours, Charles
[Quint !
Car l'Espagne se meurt, car l'Espagne s'éteint !
Ton globe, qui brillait dans ta droite profonde,
Soleil éblouissant qui faisait croire au monde
Que le jour désormais se levait à Madrid,
Maintenant, astre mort, dans l'ombre s'amoindrit,
Lune aux trois quarts rongée et qui décroît encore,
Et que d'un autre peuple effacera l'aurore !
Hélas ! ton héritage est en proie aux vendeurs.
Tes rayons, ils en font des piastres ! Tes splendeurs,
On les souille ! – Ô géant ! se peut-il que tu dormes ?

1. *l'Escurial, avec les morts qu'il foule* : l'Escurial est devenu Panthéon royal depuis Philippe II.
2. *membres énervés* : au sens premier, membres suppliciés privés de nerfs.

On vend ton sceptre au poids ! Un tas de nains difformes
Se taillent des pourpoints dans ton manteau de roi ;
Et l'aigle impérial, qui, jadis, sous ta loi,
Couvrait le monde entier de tonnerre et de flamme,
Cuit, pauvre oiseau plumé, dans leur marmite infâme !

Les conseillers se taisent, consternés. Seuls, le marquis de Priego et le comte de Camporeal redressent la tête et regardent Ruy Blas avec colère. Puis Camporeal, après avoir parlé à Priego, va à la table, écrit quelques mots sur un papier, les signe et les fait signer au marquis.

LE COMTE DE CAMPOREAL, *désignant le marquis de Priego et remettant le papier à Ruy Blas.*

Monsieur le duc, – au nom de tous les deux, – voici
Notre démission de notre emploi.

RUY BLAS, *prenant le papier, froidement.*

Merci.
Vous vous retirerez, avec votre famille,
À Priego.
Vous, en Andalousie, –
À Camporeal.
Et vous, comte, en Castille.
Chacun dans vos États. Soyez partis demain.

Les deux seigneurs s'inclinent et sortent fièrement, le chapeau sur la tête. Ruy Blas se tourne vers les autres conseillers.

Quiconque ne veut pas marcher dans mon chemin
Peut suivre ces messieurs.

Silence dans les assistants. Ruy Blas s'assied à la table sur une chaise à dossier placée à droite du fauteuil royal, s'occupe à décacheter une correspondance. Pendant qu'il parcourt les lettres l'une après l'autre, Covadenga, Arias et Ubilla échangent quelques paroles à voix basse.

UBILLA, *à Covadenga, montrant Ruy Blas.*

Fils, nous avons un maître.
Cet homme sera grand.

DON MANUEL ARIAS

Oui, s'il a le temps d'être.

COVADENGA
Et s'il ne se perd pas à tout voir de trop près.

UBILLA
Il sera Richelieu !

DON MANUEL ARIAS
S'il n'est Olivarès !

RUY BLAS, *après avoir parcouru vivement une lettre qu'il vient d'ouvrir.*
Un complot ! Qu'est ceci ? Messieurs, que vous disais-je ?
Lisant.
– ... « Duc d'Olmedo, veillez. Il se prépare un piège
« Pour enlever quelqu'un de très grand de Madrid. »
Examinant la lettre.
– On ne nomme pas qui. Je veillerai. – L'écrit
Est anonyme.
Entre un huissier de cour qui s'approche de Ruy Blas avec une profonde révérence.
Allons ! qu'est-ce ?

L'HUISSIER
À Votre Excellence
J'annonce monseigneur l'ambassadeur de France.

RUY BLAS
Ah ! d'Harcourt ! Je ne puis à présent.

L'HUISSIER, *s'inclinant.*
Monseigneur,
Le nonce impérial[1] dans la chambre d'honneur
Attend Votre Excellence.

RUY BLAS
À cette heure ? Impossible.

---

1. *Le nonce impérial* : ambassadeur extraordinaire de l'empereur d'Allemagne.

L'huissier s'incline et sort. Depuis quelques instants, un page est entré, vêtu d'une livrée couleur de feu à galons d'argent, et s'est approché de Ruy Blas.

RUY BLAS, *l'apercevant.*
Mon page ! je ne suis pour personne visible.

LE PAGE, *bas.*
Le comte Guritan, qui revient de Neubourg...

RUY BLAS, *avec un geste de surprise.*
Ah ! – Page, enseigne-lui ma maison du faubourg.
Qu'il m'y vienne trouver demain, si bon lui semble.
Va.
Le page sort. Aux conseillers.
Nous aurons tantôt à travailler ensemble.
Dans deux heures, messieurs, revenez.
Tous sortent en saluant profondément Ruy Blas.

Ruy Blas, resté seul, fait quelques pas en proie à une rêverie profonde. Tout à coup, à l'angle du salon, la tapisserie s'écarte et la reine apparaît. Elle est vêtue de blanc avec la couronne en tête ; elle paraît rayonnante de joie et fixe sur Ruy Blas un regard d'admiration et de respect. Elle soutient d'un bras la tapisserie, derrière laquelle on entrevoit une sorte de cabinet obscur où l'on distingue une petite porte. Ruy Blas, en se retournant, aperçoit la reine et reste comme pétrifié devant cette apparition.

Questions

Préparation à la lecture méthodique

• **Vers 1091-1120 : extrait de la tirade de Ruy Blas**

1. *Repérez les différentes articulations du passage : à quelle organisation semble-t-il obéir ?*

2. *Quelle valeur ont les membres de phrases interrompues (v. 1091-1097) ? Peut-on deviner ce qui n'est pas dit ? Les grands* le peuvent-ils également ?*

3. *Vers 1092-1096 : analysez la construction grammaticale ; la place du sujet principal, du verbe principal, l'emploi des possessifs dans le vers 1094 ; rapprochez les termes* « charge énorme », « ploie », « misérable », « pressure », « sué » *: quel faisceau de sens s'en dégage ?*

4. *Vers 1098-1104 : analysez le jeu des singuliers* (« L'escopette », « tout buisson ») *et des pluriels* (« les couvents », « les provinces »), *le jeu sur les absences de déterminant, les effets de mise en parallèle, de reprises de mots.*

5. *Vers 1106-1111 : sur quels points se fonde Ruy Blas pour critiquer les grands ?*

6. *Montrez le caractère inattendu du vers 1114. Quel rapport a-t-il avec ce qui précède et ce qui suit ? En quoi est-il tout à fait à part ?*

7. *Cette tirade poursuit un but précis ; quel est-il pour Ruy Blas ? À quel type de discours s'apparente-t-il ? À quels procédés rhétoriques a-t-il recours essentiellement ?*

8. *Dégagez rapidement quelles sont les structures de vers les plus fréquentes dans ce passage. Qu'est-ce qui, selon vous, explique cette fréquence ?*

Compréhension

9. *La formule d'entrée de Ruy Blas,* « Bon appétit, messieurs », *est restée fort justement célèbre : en quoi est-elle une trouvaille dramatique ? Quel en est le sens exact ? Pourquoi cet emprunt à la nourriture ? Quel effet produit-il ?*

Écriture

10. *La répétition que constitue* « servir » *et* « serviteur » *est-elle* expressive *(v. 1060) ? Précisez en quoi.*

11. *En quoi le terme de* « serviteur » *est-il particulièrement bien choisi ? Pensez à l'étymologie du mot* « ministre » *(v. 1060).*

Mise en scène

12. *Quel est le ton des vers 1063-1064, des vers 1065-1066, des vers 1067-1068 ? Essayez d'exploiter à haute voix les variations possibles entre ces ensembles.*

Ruy Blas (Jacques Destoop) devant le Conseil privé du roi. Mise en scène de Raymond Rouleau, Comédie-Française (1960).

SCÈNE 3. Ruy Blas, la reine

La reine

Oh! merci!

Ruy Blas

Ciel!

La reine

Vous avez bien fait de leur parler ainsi.
Je n'y puis résister, duc, il faut que je serre
Cette loyale main si ferme et si sincère!
Elle marche vivement à lui et lui prend la main, qu'elle presse avant qu'il ait pu s'en défendre.

Ruy Blas

À part.
La fuir depuis six mois et la voir tout à coup!
Haut.
Vous étiez là, madame?...

La reine

Oui, duc, j'entendais tout.
J'étais là. J'écoutais avec toute mon âme!

Ruy Blas, *montrant la cachette.*

Je ne soupçonnais pas... – Ce cabinet, madame...

La reine

Personne ne le sait. C'est un réduit obscur
Que don Philippe Trois fit creuser dans ce mur,
D'où le maître invisible entend tout comme une ombre.
Là j'ai vu bien souvent Charles Deux, morne et sombre,
Assister aux conseils où l'on pillait son bien,
Où l'on vendait l'État.

Ruy Blas

Et que disait-il?

La reine

Rien.

RUY BLAS

Rien ? – et que faisait-il ?

LA REINE

Il allait à la chasse.
Mais vous ! j'entends encor votre accent qui menace.
Comme vous les traitiez d'une haute façon,
Et comme vous aviez superbement raison !
Je soulevais le bord de la tapisserie,
Je vous voyais. Votre œil, irrité, sans furie,
Les foudroyait d'éclairs, et vous leur disiez tout.
Vous me sembliez seul être resté debout !
Mais où donc avez-vous appris toutes ces choses ?
D'où vient que vous savez les effets et les causes ?
Vous n'ignorez donc rien ? D'où vient que votre voix
Parlait comme devrait parler celle des rois ?
Pourquoi donc étiez-vous comme eût été Dieu même,
Si terrible et si grand ?

RUY BLAS

Parce que je vous aime !
Parce que je sens bien, moi qu'ils haïssent tous,
Que ce qu'ils font crouler s'écroulera sur vous !
Parce que rien n'effraie une ardeur si profonde,
Et que pour vous sauver je sauverais le monde !
Je suis un malheureux qui vous aime d'amour.
Hélas ! je pense à vous comme l'aveugle au jour.
Madame, écoutez-moi. J'ai des rêves sans nombre.
Je vous aime de loin, d'en bas, du fond de l'ombre ;
Je n'oserais toucher le bout de votre doigt,
Et vous m'éblouissez comme un ange qu'on voit !
– Vraiment, j'ai bien souffert. Si vous saviez, madame !
Je vous parle à présent. Six mois, cachant ma flamme,
J'ai fui. Je vous fuyais et je souffrais beaucoup.
Je ne m'occupe pas de ces hommes du tout,
Je vous aime ! – Ô mon Dieu, j'ose le dire en face
À Votre Majesté. Que faut-il que je fasse ?
Si vous me disiez : meurs ! je mourrais. J'ai l'effroi
Dans le cœur. Pardonnez !

LA REINE

Oh! parle! ravis-moi!
Jamais on ne m'a dit ces choses-là. J'écoute!
Ton âme en me parlant me bouleverse toute.
J'ai besoin de tes yeux, j'ai besoin de ta voix.
Oh! c'est moi qui souffrais! Si tu savais! cent fois,
Cent fois, depuis six mois que ton regard m'évite...
– Mais non, je ne dois pas dire cela si vite.
Je suis bien malheureuse. Oh! je me tais. J'ai peur!

RUY BLAS, *qui l'écoute avec ravissement.*
Oh! madame, achevez! vous m'emplissez le cœur!

LA REINE
Eh bien, écoute donc!
Levant les yeux au ciel.
Oui, je vais tout lui dire,
Est-ce un crime? Tant pis! Quand le cœur se déchire,
Il faut bien laisser voir tout ce qu'on y cachait. –
Tu fuis la reine? Eh bien, la reine te cherchait.
Tous les jours je viens là, – là, dans cette retraite, –
T'écoutant, recueillant ce que tu dis, muette,
Contemplant ton esprit qui veut, juge et résout,
Et prise par ta voix qui m'intéresse à tout.
Va, tu me sembles bien le vrai roi, le vrai maître.
C'est moi, depuis six mois, tu t'en doutes peut-être,
Qui t'ai fait, par degrés, monter jusqu'au sommet.
Où Dieu t'aurait dû mettre, une femme te met.
Oui, tout ce qui te touche a mes soins. Je t'admire.
Autrefois une fleur, à présent un empire!
D'abord je t'ai vu bon, et puis je te vois grand.
Mon Dieu! c'est à cela qu'une femme se prend!
Mon Dieu! si je fais mal, pourquoi, dans cette tombe
M'enfermer, comme on met en cage une colombe,
Sans espoir, sans amour, sans un rayon doré?
– Un jour que nous aurons le temps, je te dirai
Tout ce que j'ai souffert. – Toujours seule, oubliée! –
Et puis, à chaque instant, je suis humiliée.
Tiens, juge, hier encor... – Ma chambre me déplaît.
– Tu dois savoir cela, toi qui sais tout, il est
Des chambres où l'on est plus triste que dans d'autres; –

La reine (Ludmilla Mikael) et Ruy Blas (Jacques Destoop) dans une mise en scène de Raymond Rouleau, Comédie-Française (1968).

J'en ai voulu changer. Vois quels fers sont les nôtres,
On ne l'a pas voulu. Je suis esclave ainsi ! –
Duc, il faut, – dans ce but le ciel t'envoie ici, –
Sauver l'État qui tremble, et retirer du gouffre
Le peuple qui travaille, et m'aimer, moi qui souffre.
Je te dis tout cela sans suite, à ma façon,
Mais tu dois cependant voir que j'ai bien raison.

RUY BLAS, *tombant à genoux.*
Madame...

LA REINE, *gravement.*
Don César, je vous donne mon âme.
Reine pour tous, pour vous je ne suis qu'une femme.
Par l'amour, par le cœur, duc, je vous appartien[1].
J'ai foi dans votre honneur pour respecter le mien.
Quand vous m'appellerez, je viendrai. Je suis prête.
– Ô César ! un esprit sublime est dans ta tête.
Sois fier, car le génie est ta couronne, à toi !
Elle baise Ruy Blas au front.
Adieu.
Elle soulève la tapisserie et disparaît.

---

1. *appartien* : licence orthographique pour la rime.

Questions

Préparation à la lecture méthodique

• **Vers 1237-1268 : la tirade de la reine**

1. *Contrairement à la tirade de Ruy Blas, celle de la reine ne comporte pas l'expression* « je t'aime ». *Comment peut-on cependant y trouver des équivalents ?*

2. *Quel effet recherche le dramaturge en notant au début de la tirade :* « Levant les yeux au ciel » *? Doit-on respecter cette indication à la lettre ?*

3. *Expliquez, en début de tirade (v. 1237), la tournure à la troisième personne* « lui » *?*

4. *Commentez le jeu sur* « la reine » *et* « je » *(v. 1240-1241) ?*

5. *Vers 1241-1245 : comment s'exprime ici, de façon presque chronologique, l'éveil de l'amour chez la reine ? Comparez* « recueillant ce que tu dis » *et* « prise par ta voix ».

6. *Vers 1245 : en quoi ce vers est-il capital, pour la relation entre la reine et Ruy Blas, pour la suite de l'action, pour Victor Hugo lui-même enfin ?*

7. *Vers 1253-1255 : quel sentiment s'exprime ici ? Comment y retrouve-t-on une thématique de la scène 2 de l'acte II ?*

8. *Comment peut-on apprécier le changement de registre entre les vers 1259-1263, d'une part, et 1264-1268, d'autre part ?*

9. *Vers 1263 à 1266 : comment peut-on voir ici le double sens de la pièce ?*

10. *Examinez les recherches de versification : verbes placés à l'initiale ; rythmes réguliers (à quels moments et pour quels effets ?) ; enjambements, rejets (à quels moments et pour quels effets ?).*

Compréhension

11. « Il allait à la chasse » *(v. 1197) : quel autre moment de la pièce nous rappelle cet hémistiche ?*

Écriture

12. *Quel commentaire peut-on faire sur l'enchaînement des vers 1185-1186 ?*

13. *Vers 1210 (deuxième hémistiche)-vers 1228 (premier hémistiche) : comment le passage se structure-t-il autour de l'emploi du verbe* « aimer » *? Quelles observations peut-on faire sur la longueur des phrases ? sur la présence ou l'absence de liens logiques entre elles ? Qu'est-ce qui fait la particularité de cet* « aveu » ?

La reine (Florence Darel) et Ruy Blas (Lambert Wilson). Mise en scène de Georges Wilson, Bouffes du Nord (1992).

SCÈNE 4. RUY BLAS, *seul.*

Il est comme absorbé dans une contemplation angélique.

Devant mes yeux c'est le ciel que je voi[1] !
De ma vie, ô mon Dieu, cette heure est la première.
Devant moi tout un monde, un monde de lumière,
Comme ces paradis qu'en songe nous voyons,
S'entrouvre en m'inondant de vie et de rayons !
Partout en moi, hors moi, joie, extase et mystère,
Et l'ivresse, et l'orgueil, et ce qui sur la terre
Se rapproche le plus de la divinité,
L'amour dans la puissance et dans la majesté !
La reine m'aime ! ô Dieu ! c'est bien vrai, c'est moi-
[même !
Je suis plus que le roi puisque la reine m'aime !
Oh ! cela m'éblouit. Heureux, aimé, vainqueur !
Duc d'Olmedo, – L'Espagne à mes pieds, – J'ai son
[cœur !
Cet ange, qu'à genoux je contemple et je nomme,
D'un mot me transfigure et me fait plus qu'un homme.
Donc je marche vivant dans mon rêve étoilé !
Oh ! oui, j'en suis bien sûr, elle m'a bien parlé.
C'est bien elle. Elle avait un petit diadème
En dentelle d'argent. Et je regardais même
Pendant qu'elle parlait, – je crois la voir encor, –
Un aigle ciselé sur son bracelet d'or.
Elle se fie à moi, m'a-t-elle dit. Pauvre ange !
Oh ! s'il est vrai que Dieu, par un prodige étrange,
En nous donnant l'amour, voulut mêler en nous
Ce qui fait l'homme grand à ce qui le fait doux,
Moi, qui ne crains plus rien maintenant qu'elle m'aime,
Moi, qui suis tout-puissant, grâce à son choix suprême,
Moi, dont le cœur gonflé ferait envie aux rois,
Devant Dieu qui m'entend, sans peur, à haute voix,
Je le dis, vous pouvez vous confier, madame,
À mon bras comme reine, à mon cœur comme femme !

---

1. *je voi* : orthographe étymologique ; licence poétique pour le respect de la rime.

Le dévouement se cache au fond de mon amour
Pur et loyal ! Allez, ne craignez rien !

Depuis quelques instants, un homme est entré par la porte du fond, enveloppé d'un grand manteau, coiffé d'un chapeau galonné d'argent. Il s'est avancé lentement vers Ruy Blas sans être vu, et, au moment où Ruy Blas, ivre d'extase et de bonheur, lève les yeux au ciel, cet homme lui pose brusquement la main sur l'épaule. Ruy Blas se retourne comme réveillé en sursaut. L'homme laisse tomber son manteau, et Ruy Blas reconnaît don Salluste. Don Salluste est vêtu d'une livrée couleur de feu à galons d'argent, pareille à celle du page de Ruy Blas.

Ruy Blas (Lambert Wilson) et don Salluste (Jean-Claude Drouot) dans une mise en scène de Georges Wilson, Bouffes du Nord (1992).

Questions

Compréhension

1. *Quel sens revêt le mot* « divinité » *(v. 1283) ? Quel serait son antonyme ?*

2. *Comment peut-on commenter le groupe d'adjectifs :* « Heureux, aimé, vainqueur ! » *(v. 1287) par rapport à l'ensemble de l'intrigue ?*

3. *Comment comprenez-vous l'attention que Ruy Blas a portée aux détails vestimentaires de la reine :* « un petit diadème en dentelle d'argent » *(v. 1293-94) et* « Un aigle ciselé sur son bracelet d'or » *(v. 1296) ? Cela vous paraît-il insolite ou naturel ?*

4. *Précisez le sens de* « homme » *(cf. v. 285), puis commentez le rapport de* « grand » *et de* « doux » *(v. 1300).*

5. *Le groupe adverbial* « à haute voix » *a-t-il une importance (v. 1304) ? laquelle ?*

Écriture

6. *Étudiez le champ sémantique de la lumière : quel rôle détient-il ici ?*

7. *Étudiez tout ce qui, dans ce passage, relève du domaine religieux. Cela vous paraît-il convenir à ce moment particulier ?*

8. *Quelle figure de style peut-on repérer ici (v. 1301-1303) ? Quel effet vise-t-elle ?*

Mise en scène

9. *À quel moment de la tirade feriez-vous entrer don Salluste ? Précisez par un croquis quel pourrait être son déplacement et la correspondance de ce déplacement avec le texte de Ruy Blas. Quel effet produit le jeu de scène final ?*

SCÈNE 5. RUY BLAS, DON SALLUSTE

DON SALLUSTE, *posant la main sur l'épaule de Ruy Blas.*
Bonjour.

RUY BLAS, *effaré.*
À part.
Grand Dieu! je suis perdu! le marquis!

DON SALLUSTE, *souriant.*
Je parie
Que vous ne pensiez pas à moi.

RUY BLAS
Sa Seigneurie,
En effet, me surprend.
À part.
Oh! mon malheur renaît.
J'étais tourné vers l'ange et le démon venait.
Il court à la tapisserie qui cache le cabinet secret et en ferme la petite porte au verrou; puis il revient tout tremblant vers don Salluste.

DON SALLUSTE
Eh bien! comment cela va-t-il?

RUY BLAS, *l'œil fixé sur don Salluste impassible, et comme pouvant à peine rassembler ses idées.*
Cette livrée?...

DON SALLUSTE, *souriant toujours.*
Il fallait du palais me procurer l'entrée.
Avec cet habit-là l'on arrive partout.
J'ai pris votre livrée et la trouve à mon goût.
Il se couvre. Ruy Blas reste tête nue.

RUY BLAS
Mais j'ai peur pour vous...

DON SALLUSTE
Peur! Quel est ce mot risible?

RUY BLAS
Vous êtes exilé !

DON SALLUSTE
Croyez-vous ? C'est possible.

RUY BLAS
Si l'on vous reconnaît, au palais, en plein jour ?

DON SALLUSTE
Ah bah ! des gens heureux, qui sont des gens de cour,
Iraient perdre leur temps, ce temps qui sitôt passe,
À se ressouvenir d'un visage en disgrâce !
D'ailleurs, regarde-t-on le profil d'un valet ?
Il s'assied dans un fauteuil et Ruy Blas reste debout.
À propos, que dit-on à Madrid, s'il vous plaît ?
Est-il vrai que, brûlant d'un zèle hyperbolique,
Ici, pour les beaux yeux de la caisse publique,
Vous exilez ce cher Priego, l'un des grands• ?
Vous avez oublié que vous êtes parents.
Sa mère est Sandoval, la vôtre aussi. Que diable !
Sandoval porte d'or à la bande de sable[1].
Regardez vos blasons, don César. C'est fort clair.
Cela ne se fait pas entre parents, mon cher.
Les loups pour nuire aux loups font-ils les bons apôtres ?
Ouvrez les yeux pour vous, fermez-les pour les autres.
Chacun pour soi.

RUY BLAS, *se rassurant un peu.*
Pourtant, monsieur, permettez-moi.
Monsieur de Priego, comme noble du roi,
A grand tort d'aggraver les charges de l'Espagne.
Or, il va falloir mettre une armée en campagne ;
Nous n'avons pas d'argent, et pourtant il le faut.
L'héritier bavarois penche à mourir bientôt.
Hier, le comte d'Harrach[2], que vous devez connaître,

1. *porte d'or à la bande de sable* : langage de l'héraldique qui décrit le blason.
2. *le comte d'Harrach* : le nonce impérial cité p. 104, v. 1176.

Me le disait au nom de l'empereur son maître,
Si monsieur l'archiduc veut soutenir son droit,
La guerre éclatera...

DON SALLUSTE

L'air me semble un peu froid.
Faites-moi le plaisir de fermer la croisée.

Ruy Blas, pâle de honte et de désespoir, hésite un moment; puis il fait un effort et se dirige lentement vers la fenêtre, la ferme, et revient vers don Salluste, qui, assis dans le fauteuil, le suit des yeux d'un air indifférent.

RUY BLAS, *reprenant, et essayant de convaincre don Salluste.*
Daignez voir à quel point la guerre est malaisée.
Que faire sans argent? Excellence, écoutez.
Le salut de l'Espagne est dans nos probités.
Pour moi, j'ai, comme si notre armée était prête,
Fait dire à l'empereur que je lui tiendrais tête...

DON SALLUSTE, *interrompant Ruy Blas et lui montrant son mouchoir qu'il a laissé tomber en entrant.*
Pardon! ramassez-moi mon mouchoir.
Ruy Blas, comme à la torture, hésite encore, puis se baisse, ramasse le mouchoir et le présente à don Salluste.
Don Salluste, mettant le mouchoir dans sa poche.
– Vous disiez?...

RUY BLAS, *avec effort.*
Le salut de l'Espagne! – oui, l'Espagne à nos pieds,
Et l'intérêt public demandent qu'on s'oublie.
Ah! toute nation bénit qui la délie.
Sauvons ce peuple! Osons être grands, et frappons!
Ôtons l'ombre à l'intrigue et le masque aux fripons!

DON SALLUSTE, *nonchalamment.*
Et d'abord ce n'est pas de bonne compagnie.
Cela sent son pédant et son petit génie
Que de faire sur tout un bruit démesuré.
Un méchant million, plus ou moins dévoré,
Voilà-t-il pas de quoi pousser des cris sinistres!

Mon cher, les grands seigneurs ne sont pas de vos
[cuistres•.
Ils vivent largement. Je parle sans phébus[1],
Le bel air que celui d'un redresseur d'abus
Toujours bouffi d'orgueil et rouge de colère!
Mais bah! vous voulez être un gaillard populaire,
Adoré des bourgeois et des marchands d'esteufs[2].
C'est fort drôle. Ayez donc des caprices plus neufs.
Les intérêts publics? Songez d'abord aux vôtres.
Le salut de l'Espagne est un mot creux que d'autres
Feront sonner, mon cher, tout aussi bien que vous.
La popularité? c'est la gloire en gros sous.
Rôder, dogue aboyant, tout autour des gabelles?
Charmant métier! je sais des postures plus belles.
Vertu? foi? probité? c'est du clinquant déteint.
C'était usé déjà du temps de Charles Quint.
Vous n'êtes pas un sot; faut-il qu'on vous guérisse
Du pathos[3]? Vous tétiez encor votre nourrice,
Que nous autres déjà nous avions sans pitié,
Gaîment, à coups d'épingle ou bien à coups de pié[4],
Crevant votre ballon au milieu des risées,
Fait sortir tout le vent de ces billevesées•!

RUY BLAS
Mais pourtant, monseigneur...

DON SALLUSTE, *avec un sourire glacé.*
Vous êtes étonnant.
D'un ton bref et impérieux.
Occupons-nous d'objets sérieux, maintenant.
– Vous m'attendrez demain toute la matinée
Chez vous, dans la maison que je vous ai donnée.
La chose que je fais touche à l'événement.
Gardez pour nous servir les muets seulement.

---

1. *phébus* : ici, au sens figuré ; nom du galimatias prétentieux (*cf. Portrait d'Acis*, La Bruyère).
2. *esteufs* : petites balles pour jouer à la longue paume.
3. *pathos* : style emphatique (*cf.* pathétique).
4. *à coups de pié* : ancienne orthographe, nécessaire à la rime.

Ayez dans le jardin, caché sous le feuillage,
Un carrosse attelé, tout prêt pour un voyage.
J'aurai soin des relais. Faites tout à mon gré.
– Il vous faut de l'argent, je vous en enverrai. –

RUY BLAS
Monsieur, j'obéirai. Je consens à tout faire.
Mais jurez-moi d'abord qu'en toute cette affaire
La reine n'est pour rien.

DON SALLUSTE, *qui jouait avec un couteau d'ivoire sur la table, se retourne à demi.*
De quoi vous mêlez-vous?

RUY BLAS, *chancelant et le regardant avec épouvante.*
Oh! vous êtes un homme effrayant. Mes genoux
Tremblent... Vous m'entraînez vers un gouffre invisible.
Oh! je sens que je suis dans une main terrible!
Vous avez des projets monstrueux. J'entrevoi[1]
Quelque chose d'horrible... – Ayez pitié de moi!
Il faut que je vous dise, – hélas! jugez vous-même!
Vous ne le saviez pas! cette femme, je l'aime!

DON SALLUSTE, *froidement.*
Mais si. Je le savais.

RUY BLAS
Vous le saviez!

DON SALLUSTE
Pardieu!
Qu'est-ce que cela fait?

RUY BLAS, *s'appuyant au mur pour ne pas tomber, et comme se parlant à lui-même.*
Donc il s'est fait un jeu,
Le lâche, d'essayer sur moi cette torture!

1. *J'entrevoi* : licence orthographique pour la rime.

Mais c'est que ce serait une affreuse aventure !
Il lève les yeux au ciel.
Seigneur Dieu tout-puissant ! Mon Dieu qui m'éprouvez
Épargnez-moi, Seigneur !

DON SALLUSTE

Ah ça, mais – vous rêvez !
Vraiment ! vous vous prenez au sérieux, mon maître.
C'est bouffon. Vers un but que seul je dois connaître,
But plus heureux pour vous que vous ne le pensez,
J'avance. Tenez-vous tranquille. Obéissez.
Je vous l'ai déjà dit et je vous le répète,
Je veux votre bonheur. Marchez, la chose est faite.
Puis, grand'chose après tout que des chagrins d'amour !
Nous passons tous par là. C'est l'affaire d'un jour.
Savez-vous qu'il s'agit du destin d'un empire ?
Qu'est le vôtre à côté ? Je veux bien tout vous dire,
Mais ayez le bon sens de comprendre aussi, vous.
Soyez de votre état. Je suis très bon, très doux,
Mais, que diable ! un laquais, d'argile humble ou choisie,
N'est qu'un vase où je veux verser ma fantaisie.
De vous autres, mon cher, on fait tout ce qu'on veut.
Votre maître, selon le dessein qui l'émeut,
À son gré vous déguise, à son gré vous démasque.
Je vous ai fait seigneur. C'est un rôle fantasque,
– Pour l'instant. – Vous avez l'habillement complet.
Mais, ne l'oubliez pas, vous êtes mon valet.
Vous courtisez la reine ici par aventure,
Comme vous monteriez derrière ma voiture.
Soyez donc raisonnable.

RUY BLAS, *qui l'a écouté avec égarement et comme ne pouvant en croire ses oreilles.*

Ô mon Dieu ! – Dieu clément !
Dieu juste ! de quel crime est-ce le châtiment ?
Qu'est-ce donc que j'ai fait ? Vous êtes notre père,
Et vous ne voulez pas qu'un homme désespère !
Voilà donc où j'en suis ! – Et, volontairement,
Et sans tort de ma part, – pour voir, – uniquement
Pour voir agoniser une pauvre victime,
Monseigneur, vous m'avez plongé dans cet abîme !

Tordre un malheureux cœur plein d'amour et de foi,
Afin d'en exprimer la vengeance pour soi !
Se parlant à lui-même.
Car c'est une vengeance ! oui, la chose est certaine !
Et je devine bien que c'est contre la reine !
Qu'est-ce que je vais faire ? Aller lui dire tout ?
Ciel ! devenir pour elle un objet de dégoût
Et d'horreur ! un Crispin[1], un fourbe à double face !
Un effronté coquin qu'on bâtonne et qu'on chasse !
Jamais ! – Je deviens fou, ma raison se confond !
Une pause. Il rêve.
Ô mon Dieu ! voilà donc les choses qui se font !
Bâtir une machine effroyable dans l'ombre,
L'armer hideusement de rouages sans nombre,
Puis, sous la meule, afin de voir comment elle est,
Jeter une livrée, une chose, un valet,
Puis la faire mouvoir, et soudain sous la roue
Voir sortir des lambeaux teints de sang et de boue,
Une tête brisée, un cœur tiède et fumant,
Et ne pas frissonner alors qu'en ce moment
On reconnaît, malgré le mot dont on le nomme,
Que ce laquais était l'enveloppe d'un homme !
Se tournant vers don Salluste.
Mais il est temps encore ! oh ! monseigneur, vraiment
L'horrible roue encor n'est pas en mouvement !
Il se jette à ses pieds.
Ayez pitié de moi ! grâce ! ayez pitié d'elle !
Vous savez que je suis un serviteur fidèle.
Vous l'avez dit souvent. Voyez ! je me soumets !
Grâce !

DON SALLUSTE
Cet homme-là ne comprendra jamais.
C'est impatientant !

RUY BLAS, *se traînant à ses pieds.*
Grâce !

1. *Crispin* : valet fourbe et intrigant de la *commedia dell'arte*.

DON SALLUSTE

Abrégeons, mon maître.
Il se tourne vers la fenêtre.
Gageons que vous avez mal fermé la fenêtre.
Il vient un froid par là !
Il va à la croisée et la ferme.

RUY BLAS, *se relevant.*

Oh ! c'est trop ! À présent
Je suis duc d'Olmedo, ministre tout-puissant !
Je relève le front sous le pied qui m'écrase.

DON SALLUSTE

Comment dit-il cela ? Répétez donc la phrase.
Ruy Blas duc d'Olmedo ? Vos yeux ont un bandeau.
Ce n'est que sur Bazan qu'on a mis Olmedo.

RUY BLAS

Je vous fais arrêter...

DON SALLUSTE

Je dirai qui vous êtes.

RUY BLAS, *exaspéré.*

Mais...

DON SALLUSTE

Vous m'accuserez ? J'ai risqué nos deux têtes.
C'est prévu. Vous prenez trop tôt l'air triomphant.

RUY BLAS

Je nierai tout !

DON SALLUSTE

Allons ! vous êtes un enfant.

RUY BLAS

Vous n'avez pas de preuve !

DON SALLUSTE

Et vous pas de mémoire.

Je fais ce que je dis, et vous pouvez m'en croire.
Vous n'êtes que le gant, et moi, je suis la main.
Bas et se rapprochant de Ruy Blas.
Si tu n'obéis pas, si tu n'es pas demain
Chez toi, pour préparer ce qu'il faut que je fasse,
Si tu dis un seul mot de tout ce qui se passe,
Si tes yeux, si ton geste en laissent rien percer,
Celle pour qui tu crains, d'abord, pour commencer,
Par ta folle aventure, en cent lieux répandue,
Sera publiquement diffamée et perdue.
Puis elle recevra, ceci n'a rien d'obscur,
Sous cachet, un papier, que je garde en lieu sûr,
Écrit, te souvient-il avec quelle écriture ?
Signé, tu dois savoir de quelle signature ?
Voici ce que ses yeux y liront : « Moi, Ruy Blas,
« Laquais de monseigneur le marquis de Finlas,
« En toute occasion, ou secrète ou publique,
« M'engage à le servir comme un bon domestique. »

RUY BLAS, *brisé et d'une voix éteinte.*
Il suffit. – Je ferai, monsieur, ce qu'il vous plaît.
La porte du fond s'ouvre. On voit rentrer les conseillers du Conseil privé. Don Salluste s'enveloppe vivement de son manteau.

DON SALLUSTE, *bas.*
On vient.
Il salue profondément Ruy Blas. Haut.
Monsieur le duc, je suis votre valet.
Il sort.

Questions

Compréhension

1. *Comparez le jeu de scène et les situations respectives des personnages dans cette scène et dans la scène 1 de l'acte I. Qu'en déduisez-vous sur la technique dramatique de Victor Hugo ?*

2. *En quoi le vers 1312 illustre-t-il parfaitement la scène précédente ?*

3. *Quel est le ton de Salluste dans les trois premières répliques ?*

4. *Quelles intentions Salluste met-il dans cette remarque (v. 1323) ?*

5. *Comment interpréter les répliques de Salluste (v. 1344 et 1351) ? Cela signifie-t-il qu'il n'écoute pas Ruy Blas ?*

6. *Précisez la valeur de la didascalie* « nonchalamment », *entre les vers 1356 et 1357.*

7. *Vers 1357-1365 : en quoi ce passage est-il une condamnation du* « zèle hyperbolique » *de Ruy Blas ?*

8. *Quel est l'effet produit par le vers 1384 ?*

9. *Quel est le ton de Salluste à partir du vers 1385 ?*

10. *Pourquoi ce détail :* « qui jouait avec un couteau d'ivoire » *(v. 1396) ?*

11. *Quel est le sens du mot* « aventure » *(v. 1429) ?*

12. *Quel effet produit le changement de ton, entre le vers 1479 et le vers 1480 ?*

Écriture

13. *Vers 1357-1382 : étudiez tout ce qui donne à ce passage, à la fois une allure détachée et un ton condescendant.*

14. *Vers 1451 à 1458 : quels sont les sentiments que Ruy Blas exprime ici par le biais de l'image du* « roué », *c'est-à-dire celui qui subit le supplice de la roue ? En quoi l'image choisie est-elle fort bien en situation ?*

Mise en scène

15. *Précisez le ton du vers 1316. Quels mots le comédien doit-il mettre en valeur ? par quels moyens ?*

16. *Vers 1420 à 1431 : montrez qu'en ce passage, Salluste, pour la première fois, se démasque totalement. Sur quel ton ce passage doit-il être joué ? Méfiez-vous des effets de surcharge.*

Ruy Blas (Jacques Destoop) et don Salluste (Gérard Oury), dans une mise en scène de Raymond Rouleau, Comédie-Française (1960).

Bilan

L'action

L'action est très contrastée. Nous sommes au centre de la pièce, en son cœur, et Victor Hugo nous propose, en un diptyque étonnant, de voir Ruy Blas d'abord au sommet de sa double gloire, d'homme de pouvoir et d'homme aimé, puis réduit à l'humiliation du laquais face à Salluste. La violence de ce rapprochement crée un climat très lourdement dramatique.
Ruy Blas s'est imposé face aux grands• ; la reine s'est livrée à lui et, brutalement, Salluste le rappelle à sa condition subalterne. L'acte s'achève sur l'écroulement du rêve auquel le héros avait fini par s'identifier.

Les personnages

Tous les personnages nous ont été présentés dans les actes précédents, et le troisième acte ne fait donc qu'approfondir la connaissance que nous en avons ; à une exception près, cependant : le « personnage » collectif des grands.
Hugo nous les présente en situation dans la scène 1 : scène brève qui ne permet pas d'approfondir les particularités, mais scène vigoureuse qui montre de façon éloquente que chacun d'entre eux ne poursuit qu'un but, le profit personnel.
Nous retrouvons Ruy Blas, d'une part, en position de favori qui assume les destinées de l'État et, d'autre part, en homme admiré et aimé de la reine d'Espagne : sans en avoir le titre, il est roi. La reine se révèle dans une continuité parfaite à ses apparitions précédentes : mélange de spontanéité, d'enthousiasme et d'admiration passionnée.

L'attente du spectateur est toute tournée vers la « catastrophe » ; le retour de Salluste, les ordres donnés à Ruy Blas dessinent l'avenir des personnages et il est, à ce stade de l'action, difficile d'imaginer autre chose que la chute honteuse du laquais découvert. Certes, Salluste semble vouloir l'aider à « s'en sortir » mais le personnage de Ruy Blas ne peut en toute logique accepter cet univers de compromis ; sans en prévoir exactement la nature, le spectateur ne peut que pressentir une issue fatale.

ACTE IV

Don César

Une petite chambre somptueuse et sombre. Lambris• et meubles de vieille forme et de vieille dorure. Murs couverts d'anciennes tentures de velours cramoisi, écrasé et miroitant par places et derrière le dos des fauteuils, avec de larges galons d'or qui le divisent en bandes verticales. Au fond, une porte à deux battants. À gauche, sur un pan coupé, une grande cheminée sculptée du temps de Philippe II, avec écusson de fer battu dans l'intérieur. Du côté opposé, sur un pan coupé, une petite porte basse donnant dans un cabinet obscur. Une seule fenêtre à gauche, placée très haut et garnie de barreaux et d'un auvent inférieur comme les croisées des prisons. Sur le mur, quelques vieux portraits enfumés et à demi effacés. Coffre de garde-robe avec miroir de Venise. Grands fauteuils du temps de Philippe III. Une armoire très ornée adossée au mur. Une table carrée avec ce qu'il faut pour écrire. Un petit guéridon de forme ronde à pieds dorés dans un coin. C'est le matin.
Au lever du rideau, Ruy Blas, vêtu de noir, sans manteau et sans la toison•, vivement agité, se promène à grands pas dans la chambre. Au fond se tient son page, immobile et comme attendant ses ordres.

SCÈNE 1. Ruy Blas, le page

Ruy Blas, *à part, et se parlant à lui-même.*
Que faire? – Elle d'abord! elle avant tout! – rien qu'elle!
Dût-on voir sur un mur rejaillir ma cervelle,
Dût le gibet me prendre ou l'enfer me saisir,
Il faut que je la sauve! – Oui! mais y réussir?
Comment faire? Donner mon sang, mon cœur, mon [âme,
Ce n'est rien, c'est aisé. Mais rompre cette trame!
Deviner... – deviner! car il faut deviner! –

Ce que cet homme a pu construire et combiner !
Il sort soudain de l'ombre et puis il s'y replonge,
Et là, seul dans sa nuit, que fait-il ? – Quand j'y songe
Dans le premier moment je l'ai prié pour moi !
Je suis un lâche, et puis c'est stupide ! – Eh bien, quoi !
C'est un homme méchant. – Mais que je m'imagine
– La chose a sans nul doute une ancienne origine, –
Que lorsqu'il tient sa proie et la mâche à moitié,
Ce démon va lâcher la reine, par pitié
Pour son valet ! Peut-on fléchir les bêtes fauves ?
– Mais, misérable ! il faut pourtant que tu la sauves !
C'est toi qui l'as perdue ! à tout prix il le faut !
– C'est fini. Me voilà retombé ! De si haut !
Si bas ! J'ai donc rêvé ! – Oh ! je veux qu'elle échappe !
Mais lui ! par quelle porte, ô Dieu, par quelle trappe,
Par où va-t-il venir, l'homme de trahison ?
Dans ma vie et dans moi, comme en cette maison,
Il est maître. Il en peut arracher les dorures.
Il a toutes les clefs de toutes les serrures.
Il peut entrer, sortir, dans l'ombre s'approcher,
Et marcher sur mon cœur comme sur ce plancher.
– Oui, c'est que je rêvais ! le sort trouble nos têtes
Dans la rapidité des choses sitôt faites.
Je suis fou. Je n'ai plus une idée en son lieu.
Ma raison, dont j'étais si vain[1], mon Dieu ! mon Dieu !
Prise en un tourbillon d'épouvante et de rage,
N'est plus qu'un pauvre jonc tordu par un orage !
Que faire ? Pensons bien. D'abord, empêchons-la
De sortir du palais. – Oh ! oui, le piège est là
Sans doute. Autour de moi, tout est nuit, tout est [gouffre.
Je sens le piège, mais je ne vois pas. – Je souffre ! –
C'est dit. Empêchons-la de sortir du palais.
Faisons-la prévenir sûrement, sans délais. –
Par qui ? – je n'ai personne !

Il rêve avec accablement. Puis, tout à coup, comme frappé d'une idée subite et d'une lueur d'espoir, il relève la tête.

1. *vain* : fier à tort.

Oui, don Guritan l'aime !
C'est un homme loyal ! oui !
Faisant signe au page de s'approcher. Bas.
– Page, à l'instant même,
Va chez don Guritan, et fais-lui de ma part
Mes excuses ; et puis dis-lui que sans retard
Il aille chez la reine et qu'il la prie en grâce,
En mon nom comme au sien, quoi qu'on dise ou qu'on [fasse,
De ne point s'absenter du palais de trois jours.
Quoi qu'il puisse arriver. De ne point sortir. Cours !
Rappelant le page.
Ah !
Il tire de son garde-notes une feuille et un crayon.
Qu'il donne ce mot à la reine, – et qu'il veille !
Il écrit rapidement sur son genou.
– « Croyez don Guritan, faites ce qu'il conseille ! »
Il ploie le papier et le remet au page.
Quant à ce duel, dis-lui que j'ai tort, que je suis
À ses pieds, qu'il me plaigne et que j'ai des ennuis,
Qu'il porte chez la reine à l'instant mes suppliques[1],
Et que je lui ferai des excuses publiques.
Qu'elle est en grand péril. Qu'elle ne sorte point.
Quoi qu'il arrive. Au moins trois jours ! – De point en [point
Fais tout. Va, sois discret, ne laisse rien paraître.

LE PAGE
Je vous suis dévoué. Vous êtes un bon maître.

RUY BLAS
Cours, mon bon petit page. As-tu bien tout compris ?

LE PAGE
Oui, monseigneur ; soyez tranquille.
Il sort.

1. *suppliques* : requêtes pour demander une grâce ; ici, prière, supplication.

RUY BLAS, *resté seul, tombant sur un fauteuil.*
Mes esprits
Se calment. Cependant, comme dans la folie,
Je sens confusément des choses que j'oublie.
Oui, le moyen est sûr. – Don Guritan... – Mais moi?
Faut-il attendre ici don Salluste? Pourquoi?
Non. Ne l'attendons pas. Cela le paralyse
Tout un grand jour. Allons prier dans quelque église.
Sortons. J'ai besoin d'aide, et Dieu m'inspirera!

Il prend son chapeau sur une crédence, et secoue une sonnette posée sur la table. Deux nègres, vêtus de velours vert clair et de brocart* d'or, jaquettes plissées à grandes basques, paraissent à la porte du fond.*

Je sors. Dans un instant un homme ici viendra.
– Par une entrée à lui. – Dans la maison, peut-être,
Vous le verrez agir comme s'il était maître.
Laissez-le faire. Et si d'autres viennent...

Après avoir hésité un moment.

Ma foi,
Vous laisserez entrer!

Il congédie du geste les Noirs, qui s'inclinent en signe d'obéissance et qui sortent.

Allons!

Il sort.

Au moment où la porte se referme sur Ruy Blas, on entend un grand bruit dans la cheminée, par laquelle on voit tomber tout à coup un homme, enveloppé d'un manteau déguenillé, qui se précipite dans la chambre. C'est don César.

Questions

Compréhension

1. *Le monologue est à la fois tourné vers le passé immédiat et l'avenir proche : montrez à quel moment il passe de l'un à l'autre.*

2. *Vers 1510 : de quelle* « chose » *s'agit-il ? Comment comprenez-vous ce vers ? Ne peut-il avoir qu'un sens ?*

3. « J'ai donc rêvé » *et* « c'est que je rêvais » *(v. 1517 et 1525)* : comment se justifie cette thématique du rêve ? comment permet-elle de rattacher Ruy Blas *à une grande thématique baroque ? par le biais de quelle œuvre ?*

4. *À partir des expressions employées, du ton perceptible de ce passage, des mouvements suggérés par la didascalie, peut-on préciser l'état d'esprit de Ruy Blas ?*

Écriture

5. *Quelle est la tonalité de l'expression* « voir sur un mur rejaillir ma cervelle » *(v. 1498) ? Aurait-on pu trouver ce type d'expression dans une tragédie classique ? Pourquoi ?*

6. *Justifiez l'emploi des démonstratifs :* « cette trame », « cet homme » *(v. 1502 et 1504). Quel en est le fonctionnement ? Quel effet produisent-ils ?*

7. *Quel effet produit la série de compléments de lieu ? leur antéposition ? la place de* « maître » *? (v. 1520-1521.)*

8. *Relevez toutes les expressions qui constituent un portrait de Salluste. Quelles sont les caractéristiques dominantes de ce portrait ?*

9. *Nous avons ici un monologue délibératif; comparez-le avec ce type de monologue dans la tragédie classique. Quelles sont les différences essentielles ?*

SCÈNE 2. DON CÉSAR

Effaré, essoufflé, décoiffé, étourdi[1], *avec une expression joyeuse et inquiète en même temps.*

Tant pis ! c'est moi !

Il se relève en se frottant la jambe sur laquelle il est tombé, et s'avance dans la chambre avec force révérences et chapeau bas.

Pardon ! ne faites pas attention, je passe.
Vous parliez entre vous. Continuez, de grâce.
J'entre un peu brusquement, messieurs, j'en suis fâché !

Il s'arrête au milieu de la chambre et s'aperçoit qu'il est seul.

– Personne ? – Sur le toit tout à l'heure perché,
J'ai cru pourtant ouïr un bruit de voix. – Personne !

S'asseyant dans un fauteuil.

Fort bien. Recueillons-nous. La solitude est bonne.
– Ouf ! que d'événements ! – J'en suis émerveillé
Comme l'eau qu'il secoue aveugle un chien mouillé.
Primo, ces alguazils• qui m'ont pris dans leurs serres ;
Puis cet embarquement absurde ; ces corsaires
Et cette grosse ville où l'on m'a tant battu ;
Et les tentations faites sur ma vertu
Par cette femme jaune ; et mon départ du bagne ;
Mes voyages ; enfin, mon retour en Espagne !
Puis, quel roman ! le jour où j'arrive, c'est fort,
Ces mêmes alguazils rencontrés tout d'abord[2] !
Leur poursuite enragée et ma fuite éperdue ;
Je saute un mur ; j'avise une maison perdue
Dans les arbres, j'y cours ; personne ne me voit ;
Je grimpe allégrement du hangar sur le toit ;
Enfin, je m'introduis dans le sein des familles
Par une cheminée où je mets en guenilles
Mon manteau le plus neuf qui sur mes chausses pend !...
– Pardieu ! monsieur Salluste est un grand sacripant• !

Se regardant dans une petite glace de Venise posée sur le grand coffre à tiroirs sculptés.

1. *étourdi* : qui a quelques difficultés à reprendre ses esprits.
2. *tout d'abord* : dès mon arrivée.

– Mon pourpoint• m'a suivi dans mes malheurs. Il lutte.
Il ôte son manteau et mire dans la glace son pourpoint de satin rose usé, déchiré et rapiécé ; puis il porte vivement la main à sa jambe avec un coup d'œil vers la cheminée.
Mais ma jambe a souffert diablement dans ma chute !
Il ouvre les tiroirs du coffre. Dans l'un d'entre eux il trouve un manteau de velours vert clair, brodé d'or, le manteau donné par don Salluste à Ruy Blas. Il examine le manteau et le compare au sien.
– Ce manteau me paraît plus décent que le mien.

Il jette le manteau vert sur ses épaules et met le sien à la place dans le coffre, après l'avoir soigneusement plié ; il y ajoute son chapeau, qu'il enfonce sous le manteau d'un coup de poing ; puis il referme le tiroir. Il se promène fièrement, drapé dans le beau manteau brodé d'or.

C'est égal, me voilà revenu. Tout va bien.
Ah ! mon très cher cousin, vous voulez que j'émigre
Dans cette Afrique où l'homme est la souris du tigre !
Mais je vais me venger de vous, cousin damné,
Épouvantablement, quand j'aurai déjeuné.
J'irai, sous mon vrai nom, chez vous, traînant ma queue
D'affreux vauriens sentant le gibet d'une lieue,
Et je vous livrerai vivant aux appétits
De tous mes créanciers – suivis de leurs petits.
Il aperçoit dans un coin une magnifique paire de bottines à canons• de dentelles. Il jette lestement ses vieux souliers, et chausse sans façon les bottines neuves.
Voyons d'abord où m'ont jeté ses perfidies.
Après avoir examiné la chambre de tous les côtés.
Maison mystérieuse et propre aux tragédies.
Portes closes, volets barrés, un vrai cachot.
Dans ce charmant logis on entre par en haut,
Juste comme le vin entre dans les bouteilles.
Avec un soupir.
– C'est bien bon, du bon vin ! –
Il aperçoit la petite porte à droite, l'ouvre, s'introduit vivement dans le cabinet avec lequel elle communique, puis rentre avec des gestes d'étonnement.
Merveille des merveilles !
Cabinet sans issue où tout est clos aussi !

Il va à la porte du fond, l'entrouvre, et regarde au-dehors; puis il la laisse retomber et revient sur le devant.

Personne! – Où diable suis-je? – Au fait j'ai réussi
À fuir les alguazils•. Que m'importe le reste?
Vais-je pas[1] m'effarer et prendre un air funeste
Pour n'avoir jamais vu de maison faite ainsi?

Il se rassied sur le fauteuil, bâille, puis se relève presque aussitôt.

Ah ça, mais – je m'ennuie horriblement ici!

Avisant une petite armoire dans le mur, à gauche, qui fait le coin en pan coupé.

Voyons, ceci m'a l'air d'une bibliothèque.

Il y va et l'ouvre. C'est un garde-manger bien garni.

Justement. – Un pâté, du vin, une pastèque,
C'est un en-cas complet. Six flacons bien rangés!
Diable! Sur ce logis j'avais des préjugés.

Examinant les flacons l'un après l'autre.

C'est un bon choix. – Allons! l'armoire est honorable.

Il va chercher dans un coin la petite table ronde, l'apporte sur le devant du théâtre et la charge joyeusement de tout ce que contient le garde-manger, bouteilles, plats, etc.; il ajoute un verre, une assiette, une fourchette, etc. – Puis il prend une des bouteilles.

Lisons d'abord ceci.

Il emplit le verre et boit d'un trait.

C'est une œuvre admirable
De ce fameux poète appelé le soleil!
Xérès-des-Chevaliers[2] n'a rien de plus vermeil.

Il s'assied, se verse un second verre et boit.

Quel livre vaut cela? Trouvez-moi quelque chose
De plus spiritueux!

Il boit.

Ah! Dieu, cela repose!
Mangeons.

Il entame le pâté.

1. *Vais-je pas* : construction empruntée à la langue classique qui pouvait supprimer « ne » dans une interrogation.
2. *Xérès-des-Chevaliers* : vin fameux d'Andalousie.

Chiens d'alguazils•! je les ai déroutés.
Ils ont perdu ma trace.
Il mange.
Oh! le roi des pâtés!
Quant au maître du lieu, s'il survient... –
Il va au buffet et en rapporte un verre et un couvert qu'il pose sur la table.
Je l'invite.
– Pourvu qu'il n'aille pas me chasser! Mangeons vite.
Il met les morceaux doubles.
Mon dîner fait, j'irai visiter la maison.
Mais qui peut l'habiter? Peut-être un bon garçon.
Ceci peut ne cacher qu'une intrigue de femme.
Bah! quel mal fais-je ici? Qu'est-ce que je réclame?
Rien, – l'hospitalité de ce digne mortel,
À la manière antique,
Il s'agenouille à demi et entoure la table de ses bras.
en embrassant l'autel[1].
Il boit.
D'abord, ceci n'est point le vin d'un méchant homme.
Et puis, c'est convenu, si l'on vient, je me nomme.
Ah! vous endiablerez, mon vieux cousin maudit!
Quoi, ce bohémien? Ce galeux? ce bandit?
Ce Zafari? ce gueux? ce va-nu-pieds?... – Tout juste!
Don César de Bazan, cousin de don Salluste;
Oh! la bonne surprise! et dans Madrid quel bruit!
Quand est-il revenu? ce matin? cette nuit?
Quel tumulte partout en voyant cette bombe,
Ce grand nom oublié qui tout à coup retombe!
Don César de Bazan! oui, messieurs, s'il vous plaît.
Personne n'y pensait, personne n'en parlait.
Il n'était donc pas mort? Il vit, messieurs, mesdames!
Les hommes diront : Diable! – Oui-dà! diront les
[femmes.
Doux bruit qui vous reçoit rentrant dans vos foyers,
Mêlé de l'aboiement de trois cents créanciers!

1. *embrassant l'autel* : dans l'Antiquité, l'étranger qui demandait l'hospitalité embrassait l'autel des dieux Lares.

Quel beau rôle à jouer ! – Hélas ! l'argent me manque.
Bruit à la porte.
On vient ! Sans doute on va comme un vil saltimbanque
M'expulser. – C'est égal, ne fais rien à demi,
César !
Il s'enveloppe de son manteau jusqu'aux yeux. La porte du fond s'ouvre. Entre un laquais en livrée portant sur son dos une grosse sacoche.

Don César (Denis Llorca) dans une mise en scène de Denis Llorca.
Compagnie du Nouveau Théâtre de Besançon.
Théâtre de la Renaissance, Paris (1985).

Questions

Compréhension

1. *Analysez l'entrée en scène de César : le lieu par lequel il entre, ses premiers mots, son premier jeu de scène. Quelle en est la tonalité ? Par rapport à la scène précédente, quel effet semble recherché par le dramaturge ?*

2. *Vers 1577-1591 : quelle est l'utilité de ce passage ? Quelles observations peut-on faire sur sa situation d'énonciation ?*

3. *Vers 1599-1604 : en quoi ces quelques vers ouvrent-ils de nouvelles perspectives de dénouement ?*

Écriture

4. *Vers 1610-1621 : étudiez la ponctuation, le rythme des vers. Que peut-on en conclure sur la versification dramatique de Hugo ?*

5. *Vers 1636 : expliquez ce vers et la didascalie qui l'accompagne.*

6. *Vers 1639-1653 : quelle forme prend cet extrait de monologue ? Montrez précisément comment il tend à n'être plus monologue.*

SCÈNE 3. DON CÉSAR, UN LAQUAIS

DON CÉSAR, *toisant le laquais de la tête aux pieds.*
Qui venez-vous chercher céans[1] l'ami ?
À part.
Il faut beaucoup d'aplomb, le péril est extrême.

LE LAQUAIS
Don César de Bazan ?

DON CÉSAR, *dégageant son visage du manteau.*
Don César ! C'est moi-même !
À part.
Voilà du merveilleux !

LE LAQUAIS
Vous êtes le seigneur
Don César de Bazan ?

DON CÉSAR
Pardieu ! j'ai cet honneur.
César ! le vrai César ! le seul César ! le comte
De Garo...

LE LAQUAIS, *posant sur le fauteuil la sacoche.*
Daignez voir si c'est là votre compte.

DON CÉSAR, *comme ébloui.*
À part.
De l'argent ! c'est trop fort !
Haut.
Mon cher...

LE LAQUAIS
Daignez compter.
C'est la somme que j'ai l'ordre de vous porter.

1. *céans* : dans la maison.

DON CÉSAR, *gravement.*
Ah ! fort bien ! je comprends.
À part.
Je veux bien que le diable...
Ça, ne dérangeons pas cette histoire admirable.
Ceci vient fort à point.
Haut.
Vous faut-il des reçus ?

LE LAQUAIS
Non, monseigneur.

DON CÉSAR, *lui montrant la table.*
Mettez cet argent là-dessus.
Le laquais obéit.
De quelle part ?

LE LAQUAIS
Monsieur le sait bien.

DON CÉSAR
Sans nul doute.
Mais...

LE LAQUAIS
Cet argent – voilà ce qu'il faut que j'ajoute –
Vient de qui vous savez pour ce que vous savez.

DON CÉSAR, *satisfait de l'explication.*
Ah !

LE LAQUAIS
Nous devons, tous deux, être fort réservés.
Chut !

DON CÉSAR
Chut !!! – Cet argent vient... – La phrase est [magnifique !
Redites-la-moi donc.

LE LAQUAIS

Cet argent...

DON CÉSAR

Tout s'explique !

Me vient de qui je sais...

LE LAQUAIS

Pour ce que vous savez.

Nous devons...

DON CÉSAR

Tous les deux !!!

LE LAQUAIS

Être fort réservés.

DON CÉSAR

C'est parfaitement clair.

LE LAQUAIS

Moi, j'obéis ; du reste

Je ne comprends pas.

DON CÉSAR

Bah !

LE LAQUAIS

Mais vous comprenez !

DON CÉSAR

Peste !

LE LAQUAIS

Il suffit.

DON CÉSAR

Je comprends et je prends, mon très cher.

De l'argent qu'on reçoit, d'abord, c'est toujours clair.

LE LAQUAIS
Chut !

DON CÉSAR
Chut !!! ne faisons pas d'indiscrétion. Diantre !

LE LAQUAIS
Comptez, seigneur !

DON CÉSAR
Pour qui me prends-tu ?
Admirant la rondeur du sac posé sur la table.
Le beau ventre !

LE LAQUAIS, *insistant.*
Mais...

DON CÉSAR
Je me fie à toi.

LE LAQUAIS
L'or est en souverains•.
Bons quadruples pesant sept gros[1] trente-six grains,
Ou bons doublons au marc. L'argent, en croix-maries[2].
Don César ouvre la sacoche et en tire plusieurs sacs pleins d'or et d'argent, qu'il ouvre et vide sur la table avec admiration ; puis il se met à puiser à pleines poignées dans les sacs d'or, et remplit ses poches de quadruples et de doublons.

DON CÉSAR, *s'interrompant, avec majesté.*
À part.
Voici que mon roman, couronnant ses féeries,
Meurt amoureusement sur un gros million.
Il se remet à remplir ses poches.
Ô délices ! je mords à même un galion !

1. *gros* : huitième de l'once, poids d'environ 30 grammes ; *grain* : un soixante-douzième du gros ; *marc* : huit onces environ, soit 244 grammes.
2. *croix-maries* : « maria » est le vrai nom de cette pièce qui portait une croix.

Une poche pleine, il passe à l'autre. Il se cherche des poches partout et semble avoir oublié le laquais.

LE LAQUAIS, *qui le regarde avec impassibilité.*
Et maintenant, j'attends vos ordres.

DON CÉSAR, *se retournant.*
Pour quoi faire ?

LE LAQUAIS
Afin d'exécuter, vite et sans qu'on diffère,
Ce que je ne sais pas et ce que vous savez.
De très grands intérêts...

DON CÉSAR, *l'interrompant d'un air d'intelligence.*
Oui, publics et privés !!!

LE LAQUAIS
Veulent que tout cela se fasse à l'instant même.
Je dis ce qu'on m'a dit de dire.

DON CÉSAR, *lui frappant sur l'épaule.*
Et je t'en aime,
Fidèle serviteur.

LE LAQUAIS
Pour ne rien retarder,
Mon maître à vous me donne afin de vous aider.

DON CÉSAR
C'est agir congrûment[1]. Faisons ce qu'il désire.
À part.
Je veux être pendu si je sais que lui dire.
Haut.
Approche, galion, et d'abord –
Il remplit de vin l'autre verre.
Bois-moi ça !

1. *congrûment* : de façon pertinente, qui convient.

LE LAQUAIS
Quoi, seigneur ?...

DON CÉSAR
Bois-moi ça !
Le laquais boit. Don César lui remplit son verre.
Du vin d'Oropesa !
Il fait asseoir le laquais, le fait boire, et lui verse de nouveau du vin.
Causons.
À part.
Il a déjà la prunelle allumée.
Haut et s'étendant sur sa chaise.
L'homme, mon cher ami, n'est que de la fumée
Noire, et qui sort du feu des passions. Voilà.
Il lui verse à boire.
C'est bête comme tout, ce que je te dis là.
Et d'abord la fumée, au ciel bleu ramenée,
Se comporte autrement dans une cheminée.
Elle monte gaiement, et nous dégringolons.
Il se frotte la jambe.
L'homme n'est qu'un plomb vil.
Il remplit les deux verres.
Buvons. Tous tes [doublons
Ne valent pas le chant d'un ivrogne qui passe.
Se rapprochant d'un air mystérieux.
Vois-tu, soyons prudents. Trop chargé, l'essieu casse.
Le mur sans fondement s'écroule subito.
Mon cher, raccroche-moi le col de mon manteau.

LE LAQUAIS, *fièrement.*
Seigneur, je ne suis pas valet de chambre.
Avant que don César ait pu l'en empêcher, il secoue la sonnette posée sur la table.

DON CÉSAR, *à part, effrayé.*
Il sonne !
Le maître va peut-être arriver en personne.
Je suis pris !
Entre un des Noirs. Don César, en proie à la plus vive

anxiété, se retourne du côté opposé, comme ne sachant que devenir.

LE LAQUAIS, *au nègre.*

Remettez l'agrafe à monseigneur.

Le nègre s'approche gravement de don César, qui le regarde faire d'un air stupéfait, puis il rattache l'agrafe du manteau, salue et sort, laissant don César pétrifié.

DON CÉSAR, *se levant de table.*

À part.

Je suis chez Belzébuth, ma parole d'honneur!

Il vient sur le devant et se promène à grands pas.

Ma foi, laissons-nous faire, et prenons ce qui s'offre.
Donc je vais remuer les écus à plein coffre.
J'ai de l'argent! que vais-je en faire?

Se retournant vers le laquais attablé, qui continue à boire et qui commence à chanceler sur sa chaise.

Attends, pardon!

Rêvant à part.

Voyons, – si je payais mes créanciers? – fi donc!
– Du moins, pour les calmer, âmes à s'aigrir promptes,
Si je les arrosais avec quelques acomptes?
– À quoi bon arroser ces vilaines fleurs-là?
Où diable mon esprit va-t-il chercher cela?
Rien n'est tel que l'argent pour vous corrompre un
[homme,
Et fût-il descendant d'Annibal qui prit Rome,
L'emplir jusqu'au goulot de sentiments bourgeois!
Que dirait-on? me voir payer ce que je dois!
Ah!

LE LAQUAIS, *vidant son verre.*

Que m'ordonnez-vous?

DON CÉSAR

Laisse-moi, je médite.
Bois en m'attendant.

Le laquais se remet à boire. Lui continue de rêver, et tout à coup se frappe le front comme ayant trouvé une idée.

Oui.

Au laquais.

Lève-toi tout de suite.
Voici ce qu'il faut faire. Emplis tes poches d'or.

Le laquais se lève en trébuchant, et emplit d'or les poches de son justaucorps•. Don César l'y aide, tout en continuant.

Dans la ruelle au bout de la Place Mayor,
Entre au numéro neuf. Une maison étroite.
Beau logis, si ce n'est que la fenêtre à droite
A sur le cristallin une taie[1] en papier.

LE LAQUAIS

Maison borgne ?

DON CÉSAR

Non, louche. On peut s'estropier
En montant l'escalier. Prends-y garde.

LE LAQUAIS

Une échelle ?

DON CÉSAR

À peu près. C'est plus roide. – En haut loge une belle
Facile à reconnaître, un bonnet de six sous
Avec de gros cheveux ébouriffés dessous,
Un peu courte, un peu rousse... – une femme
[charmante !
Sois très respectueux, mon cher, c'est mon amante.
Lucinda, qui jadis, blonde à l'œil indigo•,
Chez le pape, le soir, dansait le fandango•.
Compte-lui cent ducats en mon nom. – Dans un bouge
À côté, tu verras un gros diable au nez rouge,
Coiffé jusqu'aux sourcils d'un vieux feutre fané
Où pend tragiquement un plumeau consterné,
La rapière• à l'échine et la loque à l'épaule.
Donne de notre part six piastres à ce drôle. –
Plus loin, tu trouveras un trou noir comme un four,

1. *une taie* : tache opaque sur la cornée de l'œil.

Un cabaret qui chante au coin d'un carrefour.
Sur le seuil boit et fume un vivant qui le hante.
C'est un homme fort doux et de vie élégante,
Un seigneur dont jamais un juron ne tomba,
Et mon ami de cœur, nommé Goulatromba.
– Trente écus ! – Et dis-lui, pour toutes patenôtres[1],
Qu'il les boive bien vite et qu'il en aura d'autres.
Donne à tous ces faquins• ton argent le plus rond,
Et ne t'ébahis pas des yeux qu'ils ouvriront.

LE LAQUAIS
Après ?

DON CÉSAR
Garde le reste. Et pour dernier chapitre...

LE LAQUAIS
Qu'ordonne monseigneur ?

DON CÉSAR
Va te soûler, belître• !
Casse beaucoup de pots et fais beaucoup de bruit,
Et ne rentre chez toi que demain – dans la nuit.

LE LAQUAIS
Suffit, mon prince.
Il se dirige vers la porte en faisant des zigzags.

DON CÉSAR, *le regardant marcher.*
À part.
Il est effroyablement ivre !
Le rappelant. L'autre se rapproche.
Ah !... – Quand tu sortiras, les oisifs vont te suivre.
Fais par ta contenance honneur à la boisson.
Sache te comporter d'une noble façon.
S'il tombe par hasard des écus de tes chausses,
Laisse tomber, – et si des essayeurs de sauces,

1. *patenôtres* : vient de *pater noster* (« Notre Père »), pour désigner des prières ; ici, au sens large, conseils.

Des clercs, des écoliers, des gueux qu'on voit passer,
Les ramassent, – mon cher, laisse-les ramasser.
Ne sois pas un mortel de trop farouche approche,
Si même ils en prenaient quelques-uns dans ta poche,
Sois indulgent. Ce sont des hommes comme nous.
Et puis il faut, vois-tu, c'est une loi pour tous,
Dans ce monde, rempli de sombres aventures,
Donner parfois un peu de joie aux créatures.
Avec mélancolie.
Tous ces gens-là seront peut-être un jour pendus!
Ayons donc les égards pour eux qui leur sont dus!
– Va-t'en.
Le laquais sort. Resté seul, don César se rassied, s'accoude sur la table, et paraît plongé dans de profondes réflexions.
C'est le devoir du chrétien et du sage,
Quand il a de l'argent, d'en faire un bon usage.
J'ai de quoi vivre au moins huit jours! je les vivrai.
Et, s'il me reste un peu d'argent, je l'emploierai
À des fondations pieuses. Mais je n'ose
M'y fier, car on va me reprendre la chose.
C'est méprise sans doute, et ce mal-adressé
Aura mal entendu, j'aurai mal prononcé...
La porte du fond se rouvre. Entre une duègne•, vieille, cheveux gris, basquine• et mantille• noires, éventail.

SCÈNE 4. DON CÉSAR, UNE DUÈGNE•

LA DUÈGNE, *sur le seuil de la porte.*
Don César de Bazan ?
Don César, absorbé dans ses méditations, relève brusquement la tête.

DON CÉSAR
Pour le coup !
À part.
Oh ! femelle !
Pendant que la duègne accomplit une profonde révérence au fond, il vient stupéfait sur le devant.
Mais il faut que le diable ou Salluste s'en mêle !
Gageons que je vais voir arriver mon cousin.
Une duègne !
Haut.
C'est moi, don César. – Quel dessein ?...
À part.
D'ordinaire une vieille en annonce une jeune.

LA DUÈGNE
Révérence avec un signe de croix.
Seigneur, je vous salue, aujourd'hui jour de jeûne,
En Jésus Dieu le fils, sur qui rien ne prévaut.

DON CÉSAR, *à part.*
À galant dénouement commencement dévot.
Haut.
Ainsi soit-il ! Bonjour.

LA DUÈGNE
Dieu vous maintienne en joie !
Mystérieusement.
Avez-vous à quelqu'un, qui jusqu'à vous m'envoie,
Donné pour cette nuit un rendez-vous secret ?

DON CÉSAR
Mais j'en suis fort capable.

La duègne•. *Elle tire de son garde-infante un billet plié et le lui présente, mais sans le lui laisser prendre.*
Ainsi, mon beau discret,
C'est bien vous qui venez, et pour cette nuit même,
D'adresser ce message à quelqu'un qui vous aime,
Et que vous savez bien ?

Don César
Ce doit être moi.

La duègne
Bon.
La dame, mariée à quelque vieux barbon,
À des ménagements sans doute est obligée,
Et de me renseigner céans on m'a chargée.
Je ne la connais pas, mais vous la connaissez.
La soubrette m'a dit les choses. C'est assez
Sans les noms.

Don César
Hors le mien.

La duègne
C'est tout simple. Une dame
Reçoit un rendez-vous de l'ami de son âme,
Mais on craint de tomber dans quelque piège, mais
Trop de précautions ne gâtent rien jamais.
Bref, ici l'on m'envoie avoir de votre bouche
La confirmation...

Don César
Oh ! la vieille farouche !
Vrai Dieu ! quelle broussaille autour d'un billet doux !
Oui, c'est moi, moi, te dis-je !

La duègne. *Elle pose sur la table le billet plié, que don César examine avec curiosité.*
En ce cas, si c'est vous,
Vous écrirez : *Venez,* au dos de cette lettre.
Mais pas de votre main, pour ne rien compromettre.

DON CÉSAR

Peste ! au fait, de ma main !

À part.

Message bien rempli !

Il tend la main pour prendre la lettre ; mais elle est recachetée, et la duègne• ne la lui laisse pas toucher.

LA DUÈGNE

N'ouvrez pas. Vous devez reconnaître le pli.

DON CÉSAR

Pardieu !

À part.

Moi qui brûlais de voir !... jouons mon rôle !

Il agite la sonnette. Entre un des Noirs.

Tu sais écrire ?

Le Noir fait un signe de tête affirmatif. Étonnement de César.

À part.

Un signe !

Haut.

Es-tu muet, mon drôle ?

Le Noir fait un nouveau signe d'affirmation. Nouvelle stupéfaction de don César.

À part.

Fort bien ! continuez ! des muets à présent !

Au muet, en lui montrant la lettre, que la vieille tient appliquée sur la table.

– Écris-moi là : *Venez.*

Le muet écrit. Don César fait signe à la duègne de reprendre la lettre, et au muet de sortir. Le muet sort.

À part.

Il est obéissant !

LA DUÈGNE, *remettant d'un air mystérieux le billet dans son garde-infante et se rapprochant de don César.*

Vous la verrez ce soir. Est-elle bien jolie ?

DON CÉSAR

Charmante !

LA DUÈGNE•

La suivante est d'abord accomplie.
Elle m'a prise à part au milieu du sermon,
Mais belle ! un profil d'ange avec l'œil d'un démon.
Puis aux choses d'amour elle paraît savante.

DON CÉSAR, *à part.*

Je me contenterais fort bien de la servante !

LA DUÈGNE

Nous jugeons, car toujours le beau fait peur au laid,
La sultane à l'esclave et le maître au valet.
La vôtre est, à coup sûr, fort belle.

DON CÉSAR

Je m'en flatte !

LA DUÈGNE, *faisant une révérence pour se retirer.*

Je vous baise la main.

DON CÉSAR, *lui donnant une poignée de doublons.*

Je te graisse la patte.
Tiens, vieille !

LA DUÈGNE, *empochant.*

La jeunesse est gaie aujourd'hui !

DON CÉSAR, *la congédiant.*

Va.

LA DUÈGNE. *Révérences.*

Si vous aviez besoin... J'ai nom dame Oliva,
Couvent San-Isidro. –

Elle sort. Puis la porte se rouvre, et l'on voit sa tête reparaître.

Toujours à droite assise,
Au troisième pilier en entrant dans l'église.

Don César se retourne avec impatience. La porte retombe ; puis elle se rouvre encore, et la vieille reparaît.

Vous la verrez ce soir ! Monsieur, pensez à moi
Dans vos prières.

DON CÉSAR, *la chassant avec colère.*
Ah !
La duègne• disparaît. La porte se referme.

DON CÉSAR, *seul.*
Je me résous, ma foi,
À ne plus m'étonner. J'habite dans la lune.
Me voici maintenant une bonne fortune ;
Et je vais contenter mon cœur après ma faim.
Rêvant.
Tout cela me paraît bien beau. – Gare la fin !
La porte du fond se rouvre. Paraît don Guritan avec deux longues épées nues sous le bras.

Un personnage de gueux caricaturé par Victor Hugo.
Maison de Victor Hugo, Paris.

Questions

Compréhension

• **Scène 3**

1. *Quel est le sens de* « merveilleux » *(v. 1559) ? Comment le comprend-on en contexte ?*

2. *Quel effet le vers 1671 produit-il sur Don César ? sur le spectateur ? Comment Hugo l'exploite-t-il dans les vers suivants ?*

3. *Quel effet produit le retour de sens du vers 1691 ?*

4. *Quel rôle va jouer la boisson dans la scène (v. 1700) ? Que permet-elle au dramaturge ?*

5. *Comment faut-il comprendre l'ensemble des vers 1702-1707 ? Faut-il les prendre au sérieux ? Sont-ils dénués de sens ?*

6. *Comment l'arrivée du Noir est-elle perçue par don César (v. 1715) ? par le spectateur ? Quel est son effet sur l'action ?*

Écriture

• **Scène 3**

7. *Analysez le jeu sur* « comprendre », *repris et associé à* « prendre » *(v. 1678-1679).*

8. *Vers 1738-1760 : relevez les éléments pittoresques de ce passage, le goût du détail, du trait qui rappelle que Victor Hugo était excellent dessinateur. Cette description est-elle directement utile à l'action ? Quelle valeur faut-il lui prêter ?*

9. *Vers 1766-1780 : quelle morale s'exprime ici ? Caractérisez le ton, son degré de sérieux, de bouffonnerie ? En quoi sommes-nous dans une grande thématique hugolienne ?*

• **Scènes 3 et 4**

10. *Ces deux scènes fonctionnent sur un principe très fécond pour créer des situations de comédie : lequel ? Comment Hugo l'exploite-t-il ? Montrez-en les étapes successives. La fin de la scène 4 modifie-t-elle le sens de cette situation ?*

SCÈNE 5. DON CÉSAR, DON GURITAN

DON GURITAN, *du fond.*
Don César de Bazan ?

DON CÉSAR
Il se retourne et aperçoit don Guritan et les deux épées.
Enfin ! à la bonne heure !
L'aventure était bonne, elle devient meilleure.
Bon dîner, de l'argent, un rendez-vous, – un duel !
Je redeviens César à l'état naturel !
Il aborde gaiement, avec force salutations empressées, don Guritan, qui fixe sur lui un œil inquiétant et s'avance d'un pas roide sur le devant.
C'est ici, cher seigneur. Veuillez prendre la peine
Il lui présente un fauteuil. Don Guritan reste debout.
D'entrer, de vous asseoir. – Comme chez vous, – sans
[gêne.
Enchanté de vous voir. Ça, causons un moment.
Que fait-on à Madrid ? Ah ! quel séjour charmant !
Moi, je ne sais plus rien ; je pense qu'on admire
Toujours Matalobos et toujours Lindamire.
Pour moi, je craindrais plus, comme péril urgent,
La voleuse de cœurs que le voleur d'argent.
Oh ! les femmes, monsieur ! Cette engeance endiablée
Me tient, et j'ai la tête à leur endroit fêlée.
Parlez, remettez-moi l'esprit en bon chemin.
Je ne suis plus vivant, je n'ai plus rien d'humain.
Je suis un être absurde, un mort qui se réveille,
Un bœuf[1], un hidalgo de la Castille-Vieille[2].
On m'a volé ma plume[3] et j'ai perdu mes gants.
J'arrive des pays les plus extravagants.

DON GURITAN
Vous arrivez, mon cher monsieur ? Eh bien, j'arrive
Encor bien plus que vous !

---

1. *bœuf* : l'animal est ici évoqué pour sa lourdeur.
2. *de la Castille-Vieille* : donc de très vieille noblesse terrienne.
3. *plume* : celle qui, normalement, orne le chapeau.

DON CÉSAR, *épanoui.*

De quelle illustre rive ?

DON GURITAN

De là-bas, dans le nord.

DON CÉSAR

Et moi, de tout là-bas,

Dans le midi.

DON GURITAN

Je suis furieux !

DON CÉSAR

N'est-ce pas ?

Moi, je suis enragé !

DON GURITAN

J'ai fait douze cents lieues !

DON CÉSAR

Moi, deux mille ! J'ai vu des femmes jaunes, bleues,
Noires, vertes. J'ai vu des lieux du ciel bénis,
Alger, la ville heureuse, et l'aimable Tunis,
Où l'on voit, tant ces Turcs ont des façons accortes[1],
Force gens empalés• accrochés sur les portes.

DON GURITAN

On m'a joué, monsieur !

DON CÉSAR

Et moi, l'on m'a vendu !

DON GURITAN

L'on m'a presque exilé !

DON CÉSAR

L'on m'a presque pendu !

1. *accortes* : gracieusement aimables.

DON GURITAN
On m'envoie à Neubourg, d'une manière adroite,
Porter ces quatre mots écrits dans une boîte :
« Gardez le plus longtemps possible ce vieux fou. »

DON CÉSAR, *éclatant de rire.*
Parfait ! Qui donc cela ?

DON GURITAN
Mais je tordrai le cou
À César de Bazan !

DON CÉSAR, *gravement.*
Ah !

DON GURITAN
Pour comble d'audace,
Tout à l'heure il m'envoie un laquais à sa place.
Pour l'excuser ! dit-il. Un dresseur de buffet[1] !
Je n'ai point voulu voir le valet. Je l'ai fait
Chez moi mettre en prison, et je viens chez le maître.
Ce César de Bazan ! cet impudent ! ce traître !
Voyons, que je le tue ! Où donc est-il ?

DON CÉSAR, *toujours avec gravité.*
C'est moi.

DON GURITAN
Vous ! – Raillez-vous, monsieur ?

DON CÉSAR
Je suis don César.

DON GURITAN
Quoi !
Encor !

1. *dresseur de buffet* : domestique qui garnit les plats, donc domestique inférieur.

DON CÉSAR
Sans doute, encor !

DON GURITAN
Mon cher, quittez ce rôle.
Vous m'ennuyez beaucoup, si vous vous croyez drôle.

DON CÉSAR
Vous, vous m'amusez fort ! Et vous m'avez tout l'air
D'un jaloux. Je vous plains énormément, mon cher.
Car le mal qui nous vient des vices qui sont nôtres
Est pire que le mal que nous font ceux des autres.
J'aimerais mieux encore, et je le dis à vous,
Être pauvre qu'avare et cocu que jaloux.
Vous êtes l'un et l'autre, au reste. Sur mon âme,
J'attends encor ce soir madame votre femme.

DON GURITAN
Ma femme !

DON CÉSAR
Oui, votre femme !

DON GURITAN
Allons ! je ne suis pas
Marié.

DON CÉSAR
Vous venez faire cet embarras !
Point marié ! Monsieur prend depuis un quart d'heure
L'air d'un mari qui hurle ou d'un tigre qui pleure,
Si bien que je lui donne, avec simplicité,
Un tas de bons conseils en cette qualité !
Mais, si vous n'êtes pas marié, par Hercule !
De quel droit êtes-vous à ce point ridicule ?

DON GURITAN
Savez-vous bien, monsieur, que vous m'exaspérez ?

DON CÉSAR
Bah !

Don Guritan

Que c'est trop fort !

Don César

Vrai ?

Don Guritan

Que vous me le paierez !

Don César

Il examine d'un air goguenard les souliers de don Guritan, qui disparaissent sous des flots de rubans selon la nouvelle mode.

Jadis on se mettait des rubans sur la tête.
Aujourd'hui, je le vois, c'est une mode honnête,
On en met sur sa botte, on se coiffe les pieds.
C'est charmant !

Don Guritan

Nous allons nous battre !

Don César, *impassible.*

Vous croyez ?

Don Guritan

Vous n'êtes pas César, la chose me regarde ;
Mais je vais commencer par vous.

Don César

Bon. Prenez garde
De finir par moi.

Don Guritan

Fat ! Sur-le-champ !

Il lui présente une des deux épées.

Don César, *prenant l'épée.*

De ce pas.
Quand je tiens un bon duel, je ne le lâche pas !

DON GURITAN
Où ?

DON CÉSAR
Derrière le mur. Cette rue est déserte.

DON GURITAN, *essayant la pointe de l'épée sur le parquet.*
Pour César, je le tue ensuite !

DON CÉSAR
Vraiment ?

DON GURITAN
Certe[1] !

DON CÉSAR, *faisant aussi ployer son épée.*
Bah ! l'un de nous deux mort, je vous défie après
De tuer don César.

DON GURITAN
Sortons !

Ils sortent. On entend le bruit de leurs pas qui s'éloignent. Une petite porte masquée s'ouvre à droite dans le mur, et donne passage à don Salluste.

1. *Certe* : licence poétique.

Questions

Préparation à la lecture méthodique

• **Vers 1864-1920 : dialogue entre César et Guritan**

1. *Vers 1864-1879 : comment s'enchaînent les répliques ?*

2. *Vers 1865 : que peut-on dire de l'expression* « j'arrive / encor bien plus que vous ! »

3. *Précisez le ton de* « tant ces Turcs ont des façons accortes » *(v. 1873).*

4. *Vers 1880 : comment ce vers marque-t-il un changement de rythme ?*

5. *Vers 1880-1890 : montrez comment l'identité est au centre de l'échange ? Quel effet est ainsi recherché ? Comparez avec les deux scènes précédentes.*

6. *Quel portrait César fait-il de Guritan (v. 1891-1906) ? Quelle en est la part de vérité ? Qu'est-ce qui justifie l'erreur ? En quoi est-elle cocasse ?*

7. *En quoi le portrait physique de Guritan par César complète-t-il le portrait des vers précédents (v. 1909-1911) ?*

8. *Étudiez le rythme des répliques, leur enchaînement (vers 1880 à 1920).*

9. *Vers 1919-1920 : quelle tonalité cette phrase donne-t-elle à la sortie des personnages ?*

Écriture

10. *Dans la didascalie qui suit le vers 1848, quels caractères se dégagent de la gestuelle des deux personnages ? Comment Hugo les composent-ils l'un par rapport à l'autre ?*

11. *Vers 1860 et 1861 : comment Don César se présente-t-il ? À quelle réalité se réfèrent les expressions employées ?*

SCÈNE 6. DON SALLUSTE, *vêtu d'un habit vert sombre, presque noir.*

Il paraît soucieux et préoccupé. Il regarde et écoute avec inquiétude.

Aucuns apprêts!
Apercevant la table chargée de mets.
Que veut dire ceci?
Écoutant le bruit des pas de César et de Guritan.
Quel est donc ce tapage?
Il se promène rêveur.
Gudiel ce matin a vu sortir le page,
Et l'a suivi. – Le page allait chez Guritan. –
Je ne vois pas Ruy Blas. – Et ce page... – Satan!
C'est quelque contre-mine[1]! oui, quelque avis fidèle
Dont il aura chargé don Guritan pour elle!
– On ne peut rien savoir des muets! – C'est cela!
Je n'avais pas prévu ce don Guritan-là!
Rentre don César. Il tient à la main l'épée nue, qu'il jette en entrant sur un fauteuil.

1. *contre-mine* : au sens figuré, intrigue contre une machination adverse.

SCÈNE 7. DON SALLUSTE, DON CÉSAR

DON CÉSAR, *du seuil de la porte.*
Ah ! j'en étais bien sûr ! vous voilà donc, vieux diable !

DON SALLUSTE, *se retournant, pétrifié.*
Don César !

DON CÉSAR, *croisant les bras avec un grand éclat de rire.*
Vous tramez quelque histoire effroyable !
Mais je dérange tout, pas vrai, dans ce moment ?
Je viens au beau milieu m'épater lourdement !

DON SALLUSTE, *à part.*
Tout est perdu !

DON CÉSAR, *riant.*
Depuis toute la matinée,
Je patauge à travers vos toiles d'araignée.
Aucun de vos projets ne doit être debout.
Je m'y vautre au hasard. Je vous démolis tout.
C'est très réjouissant.

DON SALLUSTE, *à part.*
Démon ! qu'a-t-il pu faire ?

DON CÉSAR, *riant de plus en plus fort.*
Votre homme au sac d'argent, – qui venait pour l'affaire !
– Pour ce que vous savez ! – qui vous savez ! –
Il rit.
Parfait !

DON SALLUSTE
Eh bien ?

DON CÉSAR
Je l'ai soûlé.

DON SALLUSTE
Mais l'argent qu'il avait ?

DON CÉSAR, *majestueusement.*
J'en ai fait des cadeaux à diverses personnes.
Dame ! on a des amis.

DON SALLUSTE
À tort tu me soupçonnes...
Je...

DON CÉSAR, *faisant sonner ses grègues•.*
J'ai d'abord rempli mes poches, vous pensez.
Il se remet à rire.
Vous savez bien ? la dame !...

DON SALLUSTE
Oh !...

DON CÉSAR, *qui remarque son anxiété.*
Que vous connaissez, –
Don Salluste écoute avec un redoublement d'angoisse. Don César poursuit en riant.
Qui m'envoie une duègne•, affreuse compagnonne,
Dont la barbe fleurit et dont le nez trognonne[1] !...

DON SALLUSTE
Pourquoi ?

DON CÉSAR
Pour demander, par prudence et sans bruit,
Si c'est bien don César qui l'attend cette nuit...

DON SALLUSTE
À part.
Ciel !
Haut.
Qu'as-tu répondu ?

1. *trognonne* : a l'apparence du cœur d'un fruit. Possible allusion à Trognon, l'un des précepteurs des enfants de Louis-Philippe.

DON CÉSAR

J'ai dit que oui, mon maître!
Que je l'attendais!

DON SALLUSTE, *à part.*

Tout n'est pas perdu peut-être!

DON CÉSAR

Enfin votre tueur, votre grand capitan,
Qui m'a dit sur le pré s'appeler – Guritan,
Mouvement de don Salluste.
Qui ce matin n'a pas voulu voir, l'homme sage,
Un laquais de César lui portant un message,
Et qui venait céans m'en demander raison...

DON SALLUSTE

Eh bien, qu'en as-tu fait?

DON CÉSAR

J'ai tué cet oison.

DON SALLUSTE

Vrai?

DON CÉSAR

Vrai. Là, sous le mur, à cette heure il expire.

DON SALLUSTE

Es-tu sûr qu'il soit mort?

DON CÉSAR

J'en ai peur.

DON SALLUSTE, *à part.*

Je respire!
Allons! bonté du ciel! il n'a rien dérangé!
Au contraire. Pourtant donnons-lui son congé.
Débarrassons-nous en! Quel rude auxiliaire!

Pour l'argent, ce n'est rien.
Haut.
L'histoire est singulière.
Et vous n'avez pas vu d'autres personnes ?

DON CÉSAR
Non.
Mais j'en verrai. Je veux continuer. Mon nom,
Je compte en faire éclat tout à travers la ville.
Je vais faire un scandale affreux. Soyez tranquille.

DON SALLUSTE, *à part.*
Diable !
Vivement et se rapprochant de don César.
Garde l'argent, mais quitte la maison.

DON CÉSAR
Oui ! Vous me feriez suivre ! On sait votre façon.
Puis je retournerais, aimable destinée,
Contempler ton azur, ô Méditerranée !
Point.

DON SALLUSTE
Crois-moi.

DON CÉSAR
Non. D'ailleurs, dans ce palais-prison
Je sens quelqu'un en proie à votre trahison.
Toute intrigue de cour est une échelle double.
D'un côté, bras liés, morne et le regard trouble,
Monte le patient ; de l'autre, le bourreau.
– Or vous êtes bourreau – nécessairement.

DON SALLUSTE
Oh !

DON CÉSAR
Moi ! je tire l'échelle, et patatras !

DON SALLUSTE
Je jure...

DON CÉSAR

Je veux, pour tout gâter, rester dans l'aventure.
Je vous sais assez fort, cousin, assez subtil,
Pour pendre deux ou trois pantins au même fil.
Tiens, j'en suis un ! Je reste !

DON SALLUSTE

Écoute...

DON CÉSAR

Rhétorique !
Ah ! vous me faites vendre aux pirates d'Afrique !
Ah ! vous me fabriquez ici des faux César !
Ah ! vous compromettez mon nom !

DON SALLUSTE

Hasard !

DON CÉSAR

Hasard ?
Mets que font les fripons pour les sots qui le mangent.
Point de hasard ! Tant pis si vos plans se dérangent !
Mais je prétends sauver ceux qu'ici vous perdez.
Je vais crier mon nom sur les toits.
Il monte sur l'appui de la fenêtre et regarde au-dehors.
Attendez !
Juste ! des alguazils• passent sous la fenêtre.
Il passe son bras à travers les barreaux, et l'agite en criant.
Holà !

DON SALLUSTE, *effaré, sur le devant du théâtre.*

À part.

Tout est perdu s'il se fait reconnaître !

Entrent les alguazils, précédés d'un alcade•. Don Salluste paraît en proie à une vive perplexité. Don César va vers l'alcade d'un air de triomphe.

SCÈNE 8. LES MÊMES, UN ALCADE•, DES ALGUAZILS•

DON CÉSAR, *à l'alcade.*
Vous allez consigner dans vos procès-verbaux...

DON SALLUSTE, *montrant don César à l'alcade.*
Que voici le fameux voleur Matalobos !

DON CÉSAR, *stupéfait.*
Comment !

DON SALLUSTE, *à part.*
Je gagne tout en gagnant vingt-quatre heures.
À l'alcade.
Cet homme ose en plein jour entrer dans les demeures.
Saisissez ce voleur.
Les alguazils saisissent don César au collet[1].

DON CÉSAR, *furieux, à don Salluste.*
Je suis votre valet,
Vous mentez hardiment !

L'ALCADE
Qui donc nous appelait ?

DON SALLUSTE
C'est moi.

DON CÉSAR
Pardieu ! c'est fort !

L'ALCADE
Paix ! je crois qu'il raisonne.

DON CÉSAR
Mais je suis don César de Bazan en personne !

1. *collet* : petit col du manteau.

DON SALLUSTE

Don César ? – Regardez son manteau, s'il vous plaît.
Vous trouverez SALLUSTE écrit sous le collet.
C'est un manteau qu'il vient de me voler.
Les alguazils• arrachent le manteau, l'alcade• l'examine.

L'ALCADE

C'est juste.

DON SALLUSTE

Et le pourpoint• qu'il porte...

DON CÉSAR, *à part.*

Oh ! le damné Salluste !

DON SALLUSTE, *continuant.*

Il est au comte d'Albe, auquel il fut volé... –
Montrant un écusson brodé sur le parement de la manche gauche.
Dont voici le blason !

DON CÉSAR, *à part.*

Il est ensorcelé !

L'ALCADE, *examinant le blason.*

Oui, les deux châteaux d'or...

DON SALLUSTE

Et puis, les deux [chaudières[1].
Enriquez et Gusman.
En se débattant, don César fait tomber quelques doublons de ses poches. Don Salluste montre à l'alcade la façon dont elles sont remplies.
Sont-ce là les manières
Dont les honnêtes gens portent l'argent qu'ils ont ?

1. *deux chaudières* : détails de blason (la chaudière était réservée aux plus grandes familles de la péninsule ibérique).

L'ALCADE•, *hochant la tête.*
Hum !

DON CÉSAR, *à part.*
Je suis pris !
Les alguazils• le fouillent et lui prennent son argent.

UN ALGUAZIL, *fouillant.*
Voilà des papiers.

DON CÉSAR, *à part.*
Ils y sont !
Oh ! pauvres billets doux sauvés dans mes traverses[1] !

L'ALCADE, *examinant les papiers.*
Des lettres... qu'est cela ? – d'écritures diverses...

DON SALLUSTE, *lui faisant remarquer les suscriptions.*
Toutes au comte d'Albe !

L'ALCADE
Oui.

DON CÉSAR
Mais...

LES ALGUAZILS, *lui liant les mains.*
Pris ! quel bonheur !

UN ALGUAZIL, *entrant, à l'alcade.*
Un homme est là qu'on vient d'assassiner, seigneur.

L'ALCADE
Quel est l'assassin ?

DON SALLUSTE, *montrant don César.*
Lui !

1. *traverses* : aventures.

DON CÉSAR, *à part.*
Ce duel ! quelle équipée !

DON SALLUSTE
En entrant, il tenait à la main une épée.
La voilà.

L'ALCADE•, *examinant l'épée.*
Du sang. – Bien.
À don César.
Allons, marche avec eux !

DON SALLUSTE, *à don César, que les alguazils• emmènent.*
Bonsoir, Matalobos.

DON CÉSAR, *faisant un pas vers lui et le regardant fixement.*
Vous êtes un fier gueux !

Don Salluste (Gérard Ortega) dans une mise en scène de Denis Llorca.
Compagnie du Nouveau Théâtre de Besançon.
Théâtre de la Renaissance, Paris (1985).

Questions

Compréhension

• **Scènes 6, 7, 8**

1. *Vers 1927 : quelle tonalité peut avoir ce vers ? Quelles valeurs dramatiques illustre-t-il ?*

2. *Dans la scène 7, à partir des didascalies et des paroles de Salluste, marquez avec précision l'évolution de sa perception de la situation.*

3. *Vers 1965-1966 : montrez en quoi, lorsque César croit triompher, il est au contraire déjà perdu aux yeux de Salluste et, peut-être, du spectateur.*

4. *Quelle est la nature dramaturgique de l'événement qui se produit à la scène 8 ? pouvait-on s'y attendre ?*

5. *Quelle est la qualité dominante de Salluste au cours de cette scène 8 ? Est-ce la première fois qu'il en fait preuve depuis le début du drame ?*

Écriture

• **Scène 7**

6. *Vers 1946 : qu'est-ce qui fait la qualité de cette évocation ?*

Bilan

L'action

L'action est à la fois très importante, quant à la densité des événements qui se déroulent dans l'acte, et sans effet, puisque, si l'on compare la situation de la fin de l'acte III à celle de cette fin d'acte IV, rien n'a changé : Salluste est sur le point de triompher en assurant sa vengeance.

L'acte a donc une double fonction : tout d'abord, neutraliser par l'élimination pure et simple les deux personnages susceptibles de contrecarrer les plans de Salluste (César et Guritan). Ils avaient été tous deux éloignés : l'un par Salluste, l'autre par la reine. Mais leur retour restait plausible. Les deux « gêneurs » potentiels seront donc mis hors jeu : Guritan de la façon la plus radicale qui soit ; quant à César, on peut penser que son arrestation sera suivie d'une exécution.

En second lieu, cet acte permet de suspendre temporairement la « catastrophe » pour mieux la mettre en valeur à l'acte suivant : en cela, Hugo réutilise un procédé de la tragédie classique.

L'acte est d'une grande virtuosité d'écriture dramatique : chaque décision (de Ruy Blas, de César, puis de Salluste) prend une valeur qui va dépasser les intentions de son auteur et entraîner des conséquences qu'il ne pouvait prévoir. Victor Hugo emploie les procédés du mélodrame avec une maîtrise qui leur donne le déroulement implacable d'une machine infernale.

Les personnages

Le héros, qui avait occupé de façon dominante l'essentiel de l'acte III, est, dans cet acte, très discret. Il n'apparaît que dans la première scène, sorte d'épilogue de son entrevue avec Salluste à la fin de l'acte précédent.

***La reine** n'apparaît dans cet acte qu'à travers la duègne* qui est son ambassadrice.*

*Les deux personnages principaux sont donc les deux figures de nobles : **Salluste** et **César**. Le premier se montre conforme à ce que nous connaissions de lui. César, en revanche, occupe pratiquement tout l'acte, d'où le titre que Hugo lui donne. Sa personnalité y est donc largement déployée. Son tempérament est haut en couleurs : il est bon vivant, généreux, doué pour le plaisir. Hugo lui prête un langage toujours riche en comparaisons et en formules pittoresques, une gestuelle qui peut faire songer au capi-*

tan de la commedia dell'arte, *le ridicule en moins. Il anime véritablement tout cet acte.*
Guritan, *dont c'est la seconde apparition, est à la fois grotesque et pathétique. Le rôle épisodique du laquais est l'occasion d'une scène drôle.*

À la fin de cet acte, le piège est mis en place. Malgré les efforts de Ruy Blas, la reine viendra au rendez-vous, le spectateur le sait. Tout porte à croire que le triomphe de don Salluste est inévitable ; à moins d'un événement, pour l'heure imprévisible, le cinquième acte ne peut que vérifier les annonces de Salluste de la fin de l'acte III.

Albert Lambert, à vingt ans, dans le rôle de Ruy Blas.

ACTE V

Le tigre et le lion

Même chambre. C'est la nuit. Une lampe est posée sur la table. Au lever du rideau, Ruy Blas est seul. Une sorte de longue robe noire cache ses vêtements.

SCÈNE 1. Ruy Blas, *seul.*

C'est fini. Rêve éteint ! Visions disparues !
Jusqu'au soir au hasard j'ai marché dans les rues.
J'espère en ce moment. Je suis calme. La nuit,
On pense mieux, la tête est moins pleine de bruit.
Rien de trop effrayant sur ces murailles noires ;
Les meubles sont rangés ; les clefs sont aux armoires ;
Les muets sont là-haut qui dorment ; la maison
Est vraiment bien tranquille. Oh ! oui, pas de raison
D'alarme. Tout va bien. Mon page est très fidèle.
Don Guritan est sûr alors qu'il s'agit d'elle.
Ô mon Dieu ! n'est-ce pas que je puis vous bénir,
Que vous avez laissé l'avis lui parvenir.
Que vous m'avez aidé, vous, Dieu bon, vous, Dieu juste,
À protéger cet ange, à déjouer Salluste,
Qu'elle n'a rien à craindre, hélas, rien à souffrir,
Et qu'elle est bien sauvée, – et que je puis mourir ?
Il tire de sa poitrine une fiole qu'il pose sur la table.
Oui, meurs maintenant, lâche ! et tombe dans l'abîme !
Meurs comme on doit mourir quand on expie un crime,
Meurs dans cette maison, vil, misérable et seul !
Il écarte sa robe noire, sous laquelle on entrevoit la livrée qu'il portait au premier acte.
Meurs avec ta livrée enfin sous ton linceul !
– Dieu ! si ce démon vient voir sa victime morte,
Il pousse un meuble de façon à barricader la porte secrète.
Qu'il n'entre pas du moins par cette horrible porte !
Il revient vers la table.
– Oh ! le page a trouvé Guritan, c'est certain,

Il n'était pas encor huit heures du matin.
Il fixe son regard sur la fiole.
– Pour moi, j'ai prononcé mon arrêt, et j'apprête
Mon supplice, et je vais moi-même sur ma tête
Faire choir du tombeau le couvercle pesant.
J'ai du moins le plaisir de penser qu'à présent
Personne n'y peut rien. Ma chute est sans remède.
Tombant sur le fauteuil.
Elle m'aimait pourtant ! – Que Dieu me soit en aide !
Je n'ai pas de courage !
Il pleure.
Oh ! l'on aurait bien dû
Nous laisser en paix !
Il cache sa tête dans ses mains et pleure à sanglots.
Dieu !
Relevant la tête et comme égaré, regardant la fiole.
L'homme qui m'a vendu
Ceci me demandait quel jour du mois nous sommes.
Je ne sais pas. J'ai mal dans la tête. Les hommes
Sont méchants. Vous mourez, personne ne s'émeut.
Je souffre. – Elle m'aimait ! – Et dire qu'on ne peut
Jamais rien ressaisir d'une chose passée ! –
Je ne la verrai plus ! – Sa main que j'ai pressée,
Sa bouche qui toucha mon front... – Ange adoré !
Pauvre ange ! Il faut mourir, mourir désespéré !
Sa robe où tous les plis contenaient de la grâce,
Son pied qui fait trembler mon âme quand il passe,
Son œil où s'enivraient mes yeux irrésolus[1],
Son sourire, sa voix... – Je ne la verrai plus !
Je ne l'entendrai plus ! Enfin c'est donc possible ?
Jamais !
Il avance avec angoisse sa main vers la fiole ; au moment où il la saisit convulsivement, la porte du fond s'ouvre. La reine paraît, vêtue de blanc, avec une mante• de couleur sombre dont le capuchon, rejeté sur ses épaules, laisse voir sa tête pâle. Elle tient une lanterne sourde à la main, elle la pose à terre, et marche rapidement vers Ruy Blas.

1. *irrésolus* : qui ne reflétaient aucune détermination.

« Meurs avec ta livrée enfin sous ton linceul ! » (V, 1, v, 2036.)
Paris, Bibliothèque nationale, Imprimés.

Questions

Préparation à la lecture méthodique

• À partir du vers 2048, second hémistiche : la fin de la tirade de Ruy Blas

1. *Observez la construction de chaque phrase, leur degré de complexité, leur lien logique : qu'en concluez-vous sur l'effet dramatique recherché ?*

2. *Que désigne le* « ceci » *du vers 2049 ? Pourquoi ne pas le nommer de façon plus précise ?*

3. *Relevez les éléments qui disent la souffrance physique et le désordre mental du personnage.*

4. *Précisez la valeur du* « vous » *et du* « personne » *(v. 2051). Quelle signification prend la phrase ?*

5. *Relevez tous les éléments, pronoms possessifs, appellatifs, qui désignent la reine. Commentez leur choix et leur utilisation.*

6. *Vers 2057-2060 : quelle figure de style unit ces vers ? Sur quoi porte-t-elle ? En quoi est-elle judicieuse ?*

7. *Vers 2060-2062 : quelle valeur prend ici l'usage des négations absolues ?*

8. *Vers 2061 : précisez la valeur de* « Enfin ».

Compréhension

9. *Quelle importance doit-on accorder au détail vestimentaire de la didascalie initiale :* « Une sorte de longue robe noire cache ses vêtements » *?*

10. *Vers 2046 : quel commentaire peut-on faire à propos du premier hémistiche ? Quelle pensée peut-on deviner à travers cette remarque de Ruy Blas ?*

Écriture

11. *Vers 2023 à 2025 : quelles remarques peut-on faire au sujet de la versification ?*

12. *Vers 2032 : commentez l'effet produit par le second hémistiche et la didascalie qui le suit.*

Mise en scène

13. *Faites une étude des didascalies de la scène en les classant suivant la nature de l'indication : comment peut-on y percevoir un travail de dramaturge soucieux de la représentation ?*

La reine (Martine Mongermont) et don Salluste (François Timmerman). Mise en scène de Denis Llorca. Compagnie du Nouveau Théâtre de Besançon. Théâtre de la Renaissance, Paris (1985).

SCÈNE 2. RUY BLAS, LA REINE

LA REINE, *entrant.*
Don César !

RUY BLAS, *se retournant avec un mouvement d'épouvante et fermant précipitamment la robe qui cache sa livrée.*
Dieu ! c'est elle ! – Au piège horrible
Elle est prise !
Haut.
Madame... !

LA REINE
Eh bien ! quel cri d'effroi !
César...

RUY BLAS
Qui vous a dit de venir ici ?

LA REINE
Toi.

RUY BLAS
Moi ? – Comment ?

LA REINE
J'ai reçu de vous...

RUY BLAS, *haletant.*
Parlez donc vite !

LA REINE
Une lettre.

RUY BLAS
De moi !

LA REINE
De votre main écrite.

RUY BLAS

Mais c'est à se briser le front contre le mur !
Mais je n'ai pas écrit, pardieu, j'en suis bien sûr !

LA REINE, *tirant de sa poitrine un billet qu'elle lui présente.*

Lisez donc.

Ruy Blas prend la lettre avec emportement, se penche vers la lampe et lit.

RUY BLAS, *lisant.*

« Un danger terrible est sur ma tête
« Ma reine seule peut conjurer la tempête...

Il regarde avec stupeur, comme ne pouvant aller plus loin.

LA REINE, *continuant, et lui montrant du doigt la ligne qu'elle lit.*

« En venant me trouver ce soir dans ma maison.
« Sinon, je suis perdu. »

RUY BLAS, *d'une voix éteinte.*

Oh ! quelle trahison !
Ce billet !

LA REINE, *continuant de lire.*

« Par la porte au bas de l'avenue,
« Vous entrerez la nuit sans être reconnue.
« Quelqu'un de dévoué vous ouvrira. »

RUY BLAS, *à part.*

J'avais
Oublié ce billet.

À la reine, d'une voix terrible.

Allez-vous-en !

LA REINE

Je vais
M'en aller, don César. Ô mon Dieu ! que vous êtes
Méchant ! Qu'ai-je donc fait ?

RUY BLAS
Ô ciel! ce que vous faites?
Vous vous perdez!

LA REINE
Comment?

RUY BLAS
Je ne puis l'expliquer.
Fuyez vite.

LA REINE
J'ai même, et pour ne rien manquer
Eu le soin d'envoyer ce matin une duègne•...

RUY BLAS
Dieu! – mais, à chaque instant, comme d'un cœur qui [saigne,
Je sens que votre vie à flots coule et s'en va.
Partez!

LA REINE, *comme frappée d'une idée subite.*
Le dévouement que mon amour rêva
M'inspire. Vous touchez à quelque instant funeste.
Vous voulez m'écarter de vos dangers! – Je reste.

RUY BLAS
Ah! voilà, par exemple, une idée! Ô mon Dieu!
Rester à pareille heure et dans un pareil lieu!

LA REINE
La lettre est bien de vous. Ainsi...

RUY BLAS, *levant les bras au ciel de désespoir.*
Bonté divine!

LA REINE
Vous voulez m'éloigner.

RUY BLAS, *lui prenant les mains.*
Comprenez!

LA REINE

Je devine.
Dans le premier moment vous m'écrivez, et puis...

RUY BLAS

Je ne t'ai pas écrit. Je suis un démon. Fuis!
Mais c'est toi, pauvre enfant, qui te prends dans un
[piège!
Mais c'est vrai! mais l'enfer de tous côtés t'assiège!
Pour te persuader je ne trouve donc rien?
Écoute, comprends donc, je t'aime, tu sais bien.
Pour sauver ton esprit de ce qu'il imagine,
Je voudrais arracher mon cœur de ma poitrine!
Oh! je t'aime. Va-t'en!

LA REINE

Don César...

RUY BLAS

Oh! va-t'en!
– Mais, j'y songe, on a dû t'ouvrir?

LA REINE

Mais oui.

RUY BLAS

Satan!

Qui?

LA REINE

Quelqu'un de masqué, caché par la muraille.

RUY BLAS

Masqué! Qu'a dit cet homme? est-il de haute taille?
Cet homme, quel est-il? Mais parle-donc! j'attends!
Un homme en noir et masqué paraît à la porte du fond.

L'HOMME MASQUÉ

C'est moi!
Il ôte son masque. C'est don Salluste. La reine et Ruy Blas le reconnaissent avec terreur.

Questions

Compréhension

1. *Comment peut-on comprendre l'alternance* « Toi » *et* « de vous » *(v. 2064 et 2065) ?*

2. *Comment comprenez-vous l'indication donnée en didascalie :* « d'une voix terrible » *(v. 2076) ?*

3. *Vers 2086 : comment comprenez-vous la double exclamation ? Comment faudrait-il la jouer pour veiller à la cohérence du ton ?*

4. *Vers 2090-2091 : quelle idée est en train de naître dans l'esprit de la reine ?*

5. *En quoi la réplique de Ruy Blas* « Satan ! / Qui ? » *est-elle particulièrement chargée de sens en ce contexte (v. 2100-2101) ?*

Écriture

6. *Vers 2068-2069 : quelle est la valeur expressive du* « Mais » *en tête de vers ?*

7. *Vers 2092-2099 : quels moyens Victor Hugo met-il en œuvre pour exprimer le désordre et la violence paroxystique de ce que Ruy Blas éprouve à cet instant ?*

Mise en scène

8. *À quel moment précis feriez-vous entrer l'homme masqué, c'est-à-dire don Salluste ? Faut-il respecter à la lettre le moment indiqué par la didascalie ? Quelle qualité doit avoir cette entrée : spectaculaire, discrète ? Justifiez votre choix.*

SCÈNE 3. Les mêmes, Don Salluste

Ruy Blas

Grand Dieu ! fuyez, madame !

Don Salluste

Il n'est plus temps.
Madame de Neubourg n'est plus reine d'Espagne.

La reine, *avec horreur.*

Don Salluste !

Don Salluste, *montrant Ruy Blas.*

À jamais vous êtes la compagne
De cet homme.

La reine

Grand Dieu ! c'est un piège, en effet !
Et don César...

Ruy Blas, *désespéré.*

Madame, hélas ! qu'avez-vous fait ?

Don Salluste, *s'avançant à pas lents vers la reine.*

Je vous tiens. – Mais je vais parler, sans lui déplaire,
À Votre Majesté, car je suis sans colère.
Je vous trouve, – écoutez, ne faisons pas de bruit, –
Seule avec don César, dans sa chambre, à minuit.
Ce fait, – pour une reine, – étant public, en somme,
Suffit pour annuler le mariage à Rome.
Le Saint-Père en serait informé promptement.
Mais on supplée au fait par le consentement[1].
Tout peut rester secret.

Il tire de sa poche un parchemin qu'il déroule et qu'il présente à la reine.

Signez-moi cette lettre
Au seigneur notre roi. Je la ferai remettre

1. *le consentement* : le consentement de la reine à l'annulation de son mariage pourrait éviter le scandale.

Par le grand écuyer• au notaire mayor•.
Ensuite, une voiture, où j'ai mis beaucoup d'or,
Désignant le dehors.
Est là. – Partez tous deux sur-le-champ. Je vous aide.
Sans être inquiétés, vous pourrez par Tolède
Et par Alcantara gagner le Portugal.
Allez où vous voudrez, cela nous est égal.
Nous fermerons les yeux. – Obéissez. Je jure
Que seul en ce moment je connais l'aventure;
Mais, si vous refusez, Madrid sait tout demain.
Ne nous emportons pas. Vous êtes dans ma main.
Montrant la table, sur laquelle il y a une écritoire.
Voilà tout ce qu'il faut pour écrire, madame.

LA REINE, *atterrée, tombant sur le fauteuil.*
Je suis en son pouvoir!

DON SALLUSTE
De vous je ne réclame
Que ce consentement pour le porter au roi.
Bas, à Ruy Blas, qui écoute tout, immobile et comme frappé de la foudre.
Laisse-moi faire, ami, je travaille pour toi.
À la reine.
Signez.

LA REINE, *tremblante, – à part.*
Que faire?

DON SALLUSTE, *se penchant à son oreille et lui présentant une plume.*
Allons! qu'est-ce qu'une couronne?
Vous gagnez le bonheur, si vous perdez le trône.
Tous mes gens sont restés dehors. On ne sait rien
De ceci. Tout se passe entre nous trois.
Essayant de lui mettre la plume entre les doigts sans qu'elle la repousse ni la prenne.
Eh bien?
La reine, indécise et égarée, le regarde avec angoisse.
Si vous ne signez point, vous vous frappez vous-même.
Le scandale et le cloître!

LA REINE, *accablée.*

Ô Dieu !

DON SALLUSTE, *montrant Ruy Blas.*

César vous aime.
Il est digne de vous. Il est, sur mon honneur,
De fort grande maison. Presque un prince. Un seigneur
Ayant donjon sur roche[1] et fief dans la campagne.
Il est duc d'Olmedo, Bazan, et grand* d'Espagne...
Il pousse sur le parchemin la main de la reine éperdue et tremblante, et qui semble prête à signer.

RUY BLAS, *comme se réveillant tout à coup.*
Je m'appelle Ruy Blas, et je suis un laquais !
Arrachant des mains de la reine la plume, et le parchemin qu'il déchire.
Ne signez pas, madame ! – Enfin ! – Je suffoquais !

LA REINE
Que dit-il ? Don César !

RUY BLAS, *laissant tomber sa robe et se montrant vêtu de la livrée ; sans épée.*

Je dis que je me nomme
Ruy Blas, et que je suis le valet de cet homme !
Se retournant vers don Salluste.
Je dis que c'est assez de trahison ainsi,
Et que je ne veux pas de mon bonheur ! – Merci !
– Ah ! vous avez eu beau me parler à l'oreille ! –
Je dis qu'il est bien temps qu'enfin je me réveille ! –
Quoique tout garrotté* dans vos complots hideux,
Et que je n'irai pas plus loin, et qu'à nous deux,
Monseigneur, nous faisons un assemblage infâme,
J'ai l'habit d'un laquais, et vous en avez l'âme !

DON SALLUSTE, *à la reine, froidement.*
Cet homme est en effet mon valet.

---

1. *roche* : qui possède un château sur un piton rocheux.

À Ruy Blas, avec autorité.
Plus un mot.

LA REINE, *laissant enfin échapper un cri de désespoir et se tordant les mains.*
Juste ciel !

DON SALLUSTE, *poursuivant.*
Seulement il a parlé trop tôt.
Il croise les bras et se redresse, avec une voix tonnante.
Eh bien, oui ! maintenant disons tout. Il n'importe !
Ma vengeance est assez complète de la sorte.
À la reine.
Qu'en pensez-vous ? – Madrid va rire, sur ma foi !
Ah ! vous m'avez cassé ! je vous détrône, moi.
Ah ! vous m'avez banni ! je vous chasse, et m'en vante.
Ah ! vous m'avez pour femme offert votre suivante !
Il éclate de rire.
Moi, je vous ai donné mon laquais pour amant.
Vous pourrez l'épouser aussi ! certainement !
Le roi s'en va ! – Son cœur sera votre richesse,
Il rit.
Et vous l'aurez fait duc afin d'être duchesse !
Grinçant des dents.
Ah ! vous m'avez brisé, flétri, mis sous vos pieds,
Et vous dormiez en paix, folle que vous étiez !
Pendant qu'il a parlé, Ruy Blas est allé à la porte du fond et en a poussé le verrou, puis il s'est approché de lui sans qu'il s'en soit aperçu, par derrière, à pas lents. Au moment où don Salluste achève, fixant des yeux pleins de haine et de triomphe sur la reine anéantie, Ruy Blas saisit l'épée du marquis par la poignée et la tire vivement.

RUY BLAS, *terrible, l'épée de don Salluste à la main.*
Je crois que vous venez d'insulter votre reine !
Don Salluste se précipite vers la porte. Ruy Blas la lui barre.
– Oh ! n'allez point par là, ce n'en est pas la peine,
J'ai poussé le verrou depuis longtemps déjà. –
Marquis, jusqu'à ce jour Satan te protégea,
Mais, s'il veut t'arracher de mes mains, qu'il se montre.
– À mon tour ! – On écrase un serpent qu'on rencontre.

– Personne n'entrera, ni tes gens, ni l'enfer!
Je te tiens écumant sous mon talon de fer!
– Cet homme vous parlait insolemment, madame?
Je vais vous expliquer. Cet homme n'a point d'âme,
C'est un monstre. En riant hier il m'étouffait.
Il m'a broyé le cœur à plaisir. Il m'a fait
Fermer une fenêtre, et j'étais au martyre!
Je priais! je pleurais! je ne peux pas vous dire.
Au marquis.
Vous contiez vos griefs dans ces derniers moments.
Je ne répondrai pas à vos raisonnements,
Et d'ailleurs – je n'ai pas compris. – Ah! misérable!
Vous osez, – votre reine, une femme adorable!
Vous osez l'outrager quand je suis là! – Tenez,
Pour un homme d'esprit, vraiment, vous m'étonnez!
Et vous vous figurez que je vous verrai faire
Sans rien dire! – Écoutez, quelle que soit sa sphère,
Monseigneur, lorsqu'un traître, un fourbe tortueux,
Commet de certains faits rares et monstrueux,
Noble ou manant•, tout homme a droit, sur son passage,
De venir lui cracher sa sentence au visage,
Et de prendre une épée, une hache, un couteau!...
Pardieu! j'étais laquais! quand[1] je serais bourreau?

LA REINE
Vous n'allez pas frapper cet homme?

RUY BLAS
Je me blâme
D'accomplir devant vous ma fonction, madame.
Mais il faut étouffer cette affaire en ce lieu.
Il pousse don Salluste vers le cabinet.
C'est dit, monsieur! allez là-dedans prier Dieu!

DON SALLUSTE
C'est un assassinat!

1. *quand* : quand bien même...

RUY BLAS

Crois-tu ?

DON SALLUSTE, *désarmé, et jetant un regard plein de rage autour de lui.*

Sur ces murailles
Rien ! pas d'armes !

À Ruy Blas.

Une épée au moins !

RUY BLAS

Marquis ! tu [railles !
Maître ! est-ce que je suis un gentilhomme, moi ?
Un duel ! fi donc ! je suis un de tes gens à toi,
Valetaille de rouge et de galons vêtue,
Un maraud qu'on châtie et qu'on fouette, – et qui tue !
Oui, je vais te tuer, monseigneur, vois-tu bien ?
Comme un infâme ! comme un lâche ! comme un chien !

LA REINE

Grâce pour lui !

RUY BLAS, *à la reine, saisissant le marquis.*

Madame, ici chacun se venge.
Le démon ne peut plus être sauvé par l'ange !

LA REINE, *à genoux.*

Grâce !

DON SALLUSTE, *appelant.*

Au meurtre ! au secours !

RUY BLAS, *levant l'épée.*

As-tu bientôt fini ?

DON SALLUSTE, *se jetant sur lui en criant.*

Je meurs assassiné ! Démon !

RUY BLAS, *le poussant dans le cabinet.*

Tu meurs puni !

Ils disparaissent dans le cabinet, dont la porte se referme sur eux.

LA REINE, *restée seule, tombant demi-morte sur le fauteuil.*

Ciel !

Un moment de silence. Rentre Ruy Blas, pâle, sans épée.

Lithographie de R. Cazès, représentant Frédérick Lemaître (1800-1876) dans le rôle de Ruy Blas au cinquième acte, avec Mauzin (don Salluste) et Mlle Baudoin (la reine). Théâtre de la Renaissance, Paris.

Questions

Compréhension

1. *Vers 2125 : précisez quelle est, ici, la valeur du* « nous » *?*

2. *Vers 2127 : ce vers n'est-il pas l'écho d'un autre de la scène 1 de l'acte 1 ? Que peut-on en conclure ?*

3. *Comment comprendre que Salluste ne dévoile pas la fausse identité de Ruy Blas (v. 2139) ? Ne serait-il pas plus humiliant pour la reine d'avoir aimé un laquais ?*

4. *Vers 2153-2154 : l'affirmation de Ruy Blas est-elle fausse ? Quelle perception de la situation se profile derrière elle ? Précisez le ton de ces deux vers.*

5. *Montrez comment Salluste reprend point par point les éléments de la scène d'exposition (v. 2159-2163). Quelle valeur dramatique en tire Hugo ?*

6. *Vers 2143 : ce geste de Ruy Blas était-il prévisible ? Est-il un véritable coup de théâtre ?*

7. *Comment comprendre que Salluste* « se précipite vers la porte » *(après le vers 2169) ? Comment envisage-t-il la situation ?*

8. *Vers 2190-2196 : montrez ce que ces vers ont d'essentiel pour la pensée politique de Victor Hugo.*

Écriture

9. *Étudiez les effets de modalisation du discours de Salluste (v. 2109-2117). Quelles indications peut-on en tirer pour le ton sur lequel cette réplique doit être dite ?*

10. *Vers 2160-2167 : quelle analyse faire des* « Ah ! » *qui ouvrent les vers ? Comment en tirer parti sur le plan de l'intonation, sur le plan du jeu ?*

11. *Quelle valeur la référence au* « serpent » *prend-elle en contexte, sur le plan mythique (v. 2174) ? Quel prolongement le vers 2176 lui donne-t-il ? À quel personnage se trouve ainsi associé Ruy Blas ?*

12. *Vers 2203-2208 : en quoi consiste, ici, l'ironie de Ruy Blas ? Quel effet produit-elle, à ce moment ?*

Mise en scène

13. *Essayez de justifier la didascalie* « se penchant à son oreille » *(v. 2133).*

Costume de Frédérick Lemaître pour le rôle de Ruy Blas.
Paris, Bibliothèque nationale, Estampes.

SCÈNE 4. La reine, Ruy Blas

Ruy Blas fait quelques pas en chancelant vers la reine immobile et glacée, puis il tombe à deux genoux, l'œil fixé à terre, comme s'il n'osait lever les yeux jusqu'à elle.

Ruy Blas, *d'une voix grave et basse.*
Maintenant, madame, il faut que je vous dise.
– Je n'approcherai pas. – Je parle avec franchise.
Je ne suis point coupable autant que vous croyez.
Je sens, ma trahison, comme vous la voyez,
Doit vous paraître horrible. Oh ! ce n'est pas facile
À raconter. Pourtant je n'ai pas l'âme vile,
Je suis honnête au fond. – Cet amour m'a perdu. –
Je ne me défends pas ; je sais bien, j'aurais dû
Trouver quelque moyen. La faute est consommée !
– C'est égal, voyez-vous, je vous ai bien aimée.

La reine
Monsieur...

Ruy Blas, *toujours à genoux.*
N'ayez pas peur. Je n'approcherai point.
À Votre Majesté je vais de point en point
Tout dire. Oh ! croyez-moi, je n'ai pas l'âme vile ! –
Aujourd'hui tout le jour j'ai couru par la ville
Comme un fou. Bien souvent même on m'a regardé.
Auprès de l'hôpital que vous avez fondé,
J'ai senti vaguement, à travers mon délire,
Une femme du peuple essuyer sans rien dire
Les gouttes de sueur qui tombaient de mon front.
Ayez pitié de moi, mon Dieu ! mon cœur se rompt !

La reine
Que voulez-vous ?

Ruy Blas, *joignant les mains.*
Que vous me pardonniez, madame !

La reine
Jamais.

RUY BLAS

Jamais !

Il se lève et marche lentement vers la table.

Bien sûr ?

LA REINE

Non. Jamais !

RUY BLAS

Il prend la fiole posée sur la table, la porte à ses lèvres et la vide d'un trait.

Triste flamme,
Éteins-toi !

LA REINE, *se levant et courant vers lui.*

Que fait-il ?

RUY BLAS, *posant la fiole.*

Rien. Mes maux sont finis.
Rien. Vous me maudissez, et moi je vous bénis.
Voilà tout.

LA REINE, *éperdue.*

Don César !

RUY BLAS

Quand je pense, pauvre ange,
Que vous m'avez aimé !

LA REINE

Quel est ce philtre• étrange ?
Qu'avez-vous fait ? Dis-moi ! réponds-moi ! parle-moi !
César ! je te pardonne et t'aime, et je te croi[1] !

RUY BLAS

Je m'appelle Ruy Blas.

1. *je te croi* : orthographe étymologique à la rime.

LA REINE, *l'entourant de ses bras.*

Ruy Blas, je vous pardonne !
Mais qu'avez-vous fait là ? Parle, je te l'ordonne !
Ce n'est pas du poison, cette affreuse liqueur ?
Dis ?

RUY BLAS

Si ! C'est du poison. Mais j'ai la joie au cœur.
Tenant la reine embrassée et levant les yeux au ciel.
Permettez, ô mon Dieu, justice souveraine,
Que ce pauvre laquais bénisse cette reine,
Car elle a consolé mon cœur crucifié,
Vivant, par son amour, mourant, par sa pitié !

LA REINE

Du poison ! Dieu ! c'est moi qui l'ai tué ! – Je t'aime !
Si j'avais pardonné ?...

RUY BLAS, *défaillant.*

J'aurais agi de même.
Sa voix s'éteint. La reine le soutient dans ses bras.
Je ne pouvais plus vivre. Adieu !
Montrant la porte.
Fuyez d'ici !
– Tout restera secret. – Je meurs.
Il tombe.

LA REINE, *se jetant sur son corps.*

Ruy Blas !

RUY BLAS, *qui allait mourir, se réveille à son nom prononcé par la reine.*

Merci !

Questions

Compréhension

1. *Commentez la didascalie initiale : comment peut-on lui donner un sens, en situation ? Comment peut-on y lire un sens plus symbolique ? Pensez au premier billet que Ruy Blas envoyait à la reine, au début de la pièce.*

2. *Vers 2226-2231 :* commentez ce court récit. Comment explique-t-il le comportement de Ruy Blas en début d'acte ? Quels éléments symboliques peut-on y voir ? Comment les interpréter ?

3. *Vers 2241 (second hémistiche) :* quel est le sens à donner à cette exclamation ? Que sous-entend-elle ? De quel ton sera-t-elle dite ?

4. *Quel sens donnez-vous à cette affirmation :* « Je ne pouvais plus vivre » *(v. 2251) ?*

Écriture

5. *Vers 2216 :* pourquoi la virgule après le verbe « je sens » ? Quelle valeur prend-il ainsi ?

6. *Vers 2217* à *2221 :* faites les remarques nécessaires sur la versification.

7. *Vers 2214* et *2223 :* en quoi peut-on les lire comme des didascalies internes ?

8. *Qu'est-ce qui fait toute la force des deux dernières répliques ? Quel en est l'effet dramatique ?*

Bilan

L'action

• *L'action est chargée de mener au dénouement.*
Ce dénouement est presque amorcé depuis la fin de l'acte III. Le retour de Salluste sonne le temps de la vengeance; l'acte IV a éliminé toute possibilité de détourner le cours de cette vengeance. Le spectateur attend donc la catastrophe devenue inéluctable.

• *Un élément nouveau survient cependant, dès la première scène : l'empoisonnement du héros (cf. le tout début de l'acte :* « C'est fini »*). Victor Hugo ne procède donc pas par* « coup de théâtre »*. Très rapidement, le spectateur s'attend au triomphe de Salluste et à la mort de Ruy Blas.*
Le seul élément nouveau, mais bien prévisible à vrai dire, est la mort de Salluste. Seule la reine qui, depuis le début de la pièce, était la victime désignée, échappe à la mort.
La mort réunit curieusement les deux figures masculines : « nous faisons un assemblage infâme », *disait Ruy Blas.*

Les personnages

Ils sont fort peu nombreux : c'est ici le trait le plus remarquable. Victor Hugo resserre son drame autour des trois figures centrales : **Ruy Blas, don Salluste et la reine.**
Chaque acte porte un titre : celui-ci est le premier à proposer une double référence, désignant non plus un personnage, mais optant pour une valeur symbolique : « Le tigre et le lion ».
Ce choix semble concentrer l'attention sur les personnages masculins, et la référence animalière indique la confrontation de deux fauves d'égale force : l'un le tigre, réputé pour sa cruauté – ce serait Salluste –, l'autre, le lion, emblème de royauté – ce serait, paradoxalement, Ruy Blas.
La reine est ici la victime ou encore l'enjeu de ce combat, mais elle est cependant la seule à survivre à l'issue de cette pièce.

La reine (Gaby Sylvia) et Ruy Blas (Gérard Philipe) dans une mise en scène de Jean Vilar, TNP (1954).

La reine (Geneviève Casile) et Ruy Blas (François Beaulieu) dans une mise en scène de Jacques Destoop, Comédie-Française (1979).

DATES	ÉVÉNEMENTS HISTORIQUES	ÉVÉNEMENTS CULTURELS
1802	Constitution de l'an X de la République.	Chateaubriand, *René* ; *Le Génie du christianisme.*
1804	Sacre de Napoléon Ier.	Beethoven, *Symphonie héroïque.*
1805	Bataille d'Austerlitz.	
1810		Mme de Staël, *De l'Allemagne.*
1815	Bataille de Waterloo. Les Cent-Jours. Restauration : Louis XVIII.	
1820		Lamartine, *Méditations poétiques.*
1824		Delacroix, *Les Massacres de Scio.*
1827	Guerre d'indépendance grecque.	
1830	Révolution. Louis-Philippe, roi des Français.	Stendhal, *Le Rouge et le Noir.* Berlioz, *Symphonie fantastique.*
1833	Loi Guizot sur l'enseignement primaire.	Balzac, *Eugénie Grandet.*
1835		Vigny, *Chatterton.*
1840	Retour des cendres de Napoléon Ier.	
1845		Dumas, *La Reine Margot.*
1848	Révolution. IIe République. Présidence de Louis-Napoléon Bonaparte. Adoption du suffrage universel.	Marx et Engels, *Manifeste du parti communiste.*
1851	2 décembre : coup d'État de L.-N. Bonaparte.	Verdi, *Rigoletto,* opéra d'après *Le Roi s'amuse*, de Hugo.
1852	Second Empire : L.-N. Bonaparte devient Napoléon III.	
1853		Michelet achève son *Histoire de la Révolution française.*
1856		Pasteur combat la théorie de la génération spontanée.
1857		Baudelaire, *Les Fleurs du Mal.*
1859		Darwin, *De l'origine des espèces.*
1864	Création à Londres de la Ire Internationale des Travailleurs autour de Marx.	Edison invente le télégraphe duplex.
1866		Verlaine, *Poèmes saturniens.*
1868	Mesures libérales en France sur la presse et les réunions.	
1869	Inauguration du canal de Suez.	Flaubert, *L'Éducation sentimentale.*
1870	Défaite de Sedan. Chute de Napoléon III. IIIe République.	Bizet, *L'Arlésienne.*
1871	La Commune, gouvernement révolutionnaire populaire : répression sanglante de l'insurrection par Thiers.	Zola, *La Fortune des Rougon* (premier roman des *Rougon-Macquart*). Rimbaud, *Le Bateau ivre.*
1874		Monet expose *Impression, soleil levant* (début de l'impressionnisme).
1876	Lois sur la liberté de la pressse.	
1881	Loi Jules Ferry sur la gratuité de l'enseignement primaire.	
1885		Zola, *Germinal.*

VIE ET ŒUVRE DE VICTOR HUGO	DATES
Naissance de Hugo à Besançon ; son père, militaire, y est momentanément affecté.	1802
Enfance à Paris avec sa mère. Pensionnat après la séparation de ses parents.	1804
Séjour avec sa mère et ses frères à Madrid.	1811
Mariage avec Adèle Foucher. Ils auront quatre enfants.	1822
Préface de Cromwell, manifeste du théâtre romantique.	1827
Hernani.	1830
Notre-Dame de Paris ; *Les Feuilles d'automne.*	1831
Rencontre de Juliette Drouet. Début d'une liaison qui durera jusqu'à la mort de Juliette (1883). *Lucrèce Borgia* ; *Marie Tudor.*	1833
Les Chants du crépuscule.	1835
Les Voix intérieures.	1837
Ruy Blas.	1838
Les Rayons et les Ombres.	1840
Les Burgraves. Mort de sa fille, Léopoldine.	1843
Nommé pair de France.	1845
Élu député.	1848
Opposant au coup d'État, il doit s'exiler à Jersey, puis à Guernesey.	1851
Châtiments.	1853
Les Contemplations.	1856
La Légende des siècles.	1859
Les Misérables.	1862
William Shakespeare (préface au théâtre de Shakespeare traduit par son fils).	1864
Les Travailleurs de la mer ; *Mille francs de récompense.*	1866
Mangeront-ils ?	1867
L'Homme qui rit.	1869
Retour triomphal de Victor Hugo à Paris.	1870
Élu député. Il condamne les violences de la Commune, mais donne asile à des révolutionnaires fugitifs.	1871
Quatrevingt-treize.	1874
Élu sénateur.	1876
Torquemada.	1882
Mort de Victor Hugo à Paris. La République lui fait des funérailles grandioses.	1885

LES THÉORIES

La théorie du théâtre romantique repose, à son origine, sur une attaque de la théorie du théâtre classique. Le romantisme naît avant tout d'une contestation.

Lessing : *Dramaturgie de Hambourg* (1767-1768)

•

Il s'agit du premier texte qui s'en prenne assez violemment à l'esthétique classique française. Lessing, lui-même dramaturge, s'ingénie à montrer que les fameuses règles qui fondent la dramaturgie classique se justifient parfaitement dans le théâtre antique, mais que les Français en font un très mauvais usage :

> *L'unité d'action était la première loi dramatique des anciens; l'unité de temps et l'unité de lieu n'en étaient, pour ainsi dire, que des conséquences : ils ne les auraient guère observées plus strictement que ne l'aurait exigé la première, si le chœur n'était venu se placer là comme un lien.* [...] *Au contraire, les Français, qui n'avaient aucun goût pour la vraie unité d'action, et qui avaient été gâtés par les intrigues barbares des pièces espagnoles avant de connaître la simplicité grecque, ont considéré les unités de temps et de lieux, non pas comme des conséquences de l'unité d'action, mais comme des conditions indispensables en elles-mêmes de la représentation d'une action. Ils ont cru devoir les accommoder à leurs actions plus riches et plus complexes, avec la même rigueur que si elles étaient rendues nécessaires par la présence du chœur, auquel ils avaient pourtant tout à fait renoncé.*
>
> « Trente-huitième soirée », *Dramaturgie de Hambourg*, Didier, 1869, p. 223.

Le groupe de Coppet

•

Exilée en Suisse, à Coppet, Mme de Staël va, par le biais de son œuvre, *De l'Allemagne* (1813-1814), faire connaître la littérature allemande et particulièrement les drames romantiques de Schiller pour lesquels elle s'enthousiame. Elle n'attaque pas vraiment la dramaturgie et le répertoire français; elle reconnaît même la suprême habileté de ces ouvrages. Néanmoins elle ajoute :

> *Mais, tout en reconnaissant cette double supériorité, on peut éprouver des émotions plus profondes par des ouvrages bien moins ordonnés; la conception des pièces étrangères*

> *est quelquefois plus frappante et plus hardie, et souvent elle renferme je ne sais quelle puissance qui parle plus intimement à notre cœur, et touche de plus près aux sentiments qui nous ont personnellement agités.*
>
> *De l'Allemagne*, Garnier-Flammarion, 1968, tome I, pp. 251-252.

Proche de Mme de Staël, **Wilhelm von Schlegel** rédige un important *Cours de littérature dramatique* (1811), dans la continuité de la pensée de Lessing. C'est le premier manifeste pour le drame romantique : d'une part, il s'attaque à la dramaturgie française, d'autre part, il offre pour modèles Shakespeare et Calderón :

> *Tout* [dans le théâtre français] *se bornait à des discours entre un petit nombre de personnages, et l'on soumettait le théâtre à l'étiquette d'une antichambre. Il est vrai que c'était une antichambre, ou du moins un salon dans l'intérieur d'un palais, que le théâtre représentait le plus souvent. L'action des tragédies grecques se passait sur des places publiques, ornées d'une architecture majestueuse, et les poètes français, en traitant les mêmes sujets, ont été obligés de refondre la mythologie pour la jeter dans le moule des mœurs de la cour.*
>
> « Onzième leçon », *Cours de littérature dramatique*, Slatkine Reprints, Genève, 1971, pp. 6-7.

Le compagnon de vie de Mme de Staël, **Benjamin Constant**, adapte l'ample triologie historique *Wallenstein* de Schiller en un seul drame en cinq actes (1809). La préface qu'il y adjoint est une nouvelle prise de position théorique. Constant insiste sur la nécessité pour le drame de peindre un temps plus long, ne pas se limiter à une passion, mais de prendre en compte la peinture d'une société ; c'est le fondement même du drame historique :

> *Qu'est-ce qu'une composition dramatique ? C'est le tableau de la force morale de l'homme combattant un obstacle. On peut donner à cette force morale différentes appellations.* [...] *De même on appellera diversement l'obstacle auquel cette force morale tente de résister,* [...] *c'est au fond toujours la société pesant sur l'homme et le chargeant de chaînes. Toutefois, les auteurs tragiques me semblent n'avoir considéré cette action de la société que comme un cadre, comme un accessoire, et s'en être détournés volontairement, pour ne s'occuper que des passions ou des caractères.*
>
> « Réflexions sur la tragédie », in *Œuvres*, coll. « Bibliothèque de la Pléiade », Gallimard, 1957, p. 938.

Guizot : *Vie de Shakespeare* (1821)

•

Professeur et parlementaire, François Guizot retraduit les pièces de Shakespeare pour une édition nouvelle et préface l'ouvrage d'un texte intitulé *Vie de Shakespeare*. L'idée maîtresse qu'il y exprime est que le théâtre est par essence populaire ; il a pour fonction d'unifier une nation dans un même raffinement :

> *Telle est la nature de la poésie dramatique : c'est pour le peuple qu'elle crée, c'est au peuple qu'elle s'adresse, mais pour l'ennoblir, pour étendre et vivifier son existence morale, pour lui révéler des facultés qu'il possède mais qu'il ignore, pour lui procurer des jouissances qu'il saisit avidement, mais qu'il ne chercherait même pas si un art sublime ne les lui apprenait en les lui donnant.*
>
> « Vie de Shakespeare », in *Shakespeare, œuvres complètes*, Ladvocat, 1821, p. VI.

Stendhal : *Racine et Shakespeare* (1823-1825)

•

Celui qui signe encore Henri Beyle défend le théâtre romantique au lendemain de la venue catastrophique des comédiens anglais à Paris (1822). Il prêche, avec verve et brio, pour un théâtre en prose, libre de toutes règles, et national quant aux sujets représentés. Il récuse la notion de « beau idéal ».

> *Qu'est-ce que la tragédie romantique ?*
> *Je réponds hardiment : c'est la tragédie en prose qui dure plusieurs mois et se passe en divers lieux.*
>
> *Racine et Shakespeare*, Garnier-Flammarion, 1970, tome II, p. 98.

> *La pensée ou le sentiment doivent avant tout être énoncés avec clarté dans le genre dramatique.* [...] *C'est le cri du cœur et le cri du cœur n'admet pas l'inversion.* [...] *Lorsque la mesure du vers n'admet pas le mot précis dont se servirait l'homme passionné, que font nos poètes d'Académie ? Ils trahissent la passion pour le vers alexandrin.*
>
> *Ibidem*, p. 138.

> *Tout ce que nous demandons, c'est que l'on veuille bien permettre à la tragédie en prose de nous entretenir cinq ou six fois par mois des grandes actions de nos Du Guesclin, de nos Montmorency, de nos Bayard.*
>
> *Ibidem*, p. 114.

Hugo : la préface de *Cromwell* (1827)

•

Victor Hugo, à son tour, théorise en faveur du drame romantique. Mais ses positions et analyses sont assez éloignées de celles de Stendhal. La préface se constitue en histoire de l'esthétique ; le grand principe de cette esthétique est que l'art épouse la nature de l'époque qui le voit naître :

> [...] *la poésie a trois âges, dont chacun correspond à une époque de la société : l'ode, l'épopée, le drame. Les temps primitifs sont lyriques, les antiques sont épiques, les temps modernes sont dramatiques.*
>
> Préface de *Cromwell*, Garnier-Flammarion, 1968, p. 76.

L'innovation hugolienne est aussi de fonder le drame romantique sur l'union du sublime et du grotesque[1], et de proclamer la valeur esthétique, voire métaphysique du laid :

> *Le beau n'a qu'un type : le laid en a mille. C'est que le beau, à parler humainement, n'est que la forme considérée dans son rapport le plus simple, dans sa symétrie la plus absolue, dans son harmonie la plus intime avec notre organisation. Aussi nous offre-t-il toujours un ensemble complet, mais restreint comme nous. Ce que nous appelons le laid, au contraire, est un détail d'un grand ensemble qui nous échappe et qui s'harmonise, non pas avec l'homme, mais avec la création tout entière.*
>
> *Ibidem*, p. 73.

Il prône également le drame en vers[2] et précise la relation de l'art et la nature :

> *La vérité de l'art ne saurait jamais être, ainsi que l'ont dit plusieurs, la réalité absolue. L'art ne peut donner la chose même.* [...] *Le domaine de l'art et celui de la nature sont parfaitement distincts. La nature et l'art sont deux choses, sans quoi l'une ou l'autre n'existerait pas.*
>
> *Ibidem*, p. 90.

---

1. *Cf.* ces rubriques (index thématique), pp. 268 et 263.
2. *Cf.* la rubrique « alexandrin » (index thématique), p. 258.

Alfred de Vigny : *Lettre à Lord* *** (1829)

•

Dernier grand texte fondateur, cette lettre sert de préface à la traduction-adaptation que Vigny fait de l'*Othello* de Shakespeare, sous le titre *Le More de Venise*.
Il reprend l'attaque contre la dramaturgie classique :

> *Donc, il fallait, dans les vestibules qui ne menaient à rien, des personnages n'allant nulle part, parlant de peu de choses.*
>
> « Lettre à Lord *** », in *Œuvres complètes I*, coll. « Bibliothèque de la Pléiade », Gallimard, 1986, p. 398.

et redéfinit le drame romantique, tel qu'il l'entend :

> *La scène française s'ouvrira-t-elle, ou non, à une tragédie moderne produisant : – dans sa conception, un tableau large de la vie, au lieu du tableau resserré de la catastrophe d'une intrigue ; – dans sa composition, des caractères, non des rôles, des scènes paisibles, sans drame, mêlées à des scènes comiques et tragiques ; – dans son exécution, un style familier, comique, tragique et parfois épique ?*
>
> *Ibidem*, p. 398.

S'il est clair que tous ces points de vue convergent quant aux attaques, les solutions préconisées sont loin d'être unificatrices.

LES THÉÂTRES ET LES COMÉDIENS

Le théâtre romantique avait besoin de théories, mais également de scènes pour l'accueillir et de comédiens pour le jouer. On pouvait difficilement imaginer que des comédiens formés pour jouer la tragédie classique puissent, même à supposer qu'ils le veuillent, être les parfaits interprètes du genre nouveau.
À l'époque du drame romantique, on compte une trentaine de salles de théâtre à Paris, ce qui est beaucoup. On distingue d'une part les théâtres de « l'élite », que sont le Théâtre-Français et l'Odéon, et les théâtres dits « de boulevard », en raison de leur localisation, en général plus populaires.

Le Théâtre-Français

•

C'est la grande scène officielle de la capitale : c'est donc à la fois l'ennemie jurée du drame romantique moderne, mais également l'endroit où il rêve d'être joué.

Le Théâtre-Français (ou Comédie-Française) est régi par un comité de sociétaires, présidé par un commissaire, tout d'abord impérial (c'est Napoléon Ier qui fonde ses statuts), puis royal. C'est également un théâtre subventionné ; les subventions étant accordées par les parlementaires, conservateurs pour la plupart, il n'est pas question d'y monter des pièces qui seraient susceptibles de déplaire au pouvoir en place. Le répertoire y est donc, pour l'essentiel, classique : Molière et Racine sont les auteurs les plus joués. Parfois, le Théâtre-Français accueille des pièces contemporaines, le plus souvent des pièces ne bousculant pas trop les traditions. L'exception la plus illustre est celle d'*Hernani*, représentée le 25 février 1830. Il faut cependant préciser qu'en cette année le commissaire royal est le baron Taylor, ami personnel de l'écrivain romantique Charles Nodier et donc plutôt favorable aux idées nouvelles.
Le Théâtre-Français comme l'Odéon sont en crise : la qualité intrinsèque du répertoire et du métier des comédiens se trouve paralysée par les conventions d'un autre âge qui président aux représentations. En 1838, la jeune Rachel fait triompher le répertoire classique, simplement en imposant un jeu différent. Pour l'heure, la désaffection est cruelle : une représentation de *Phèdre*, le 24 février 1830, rapporte 450 francs ; le lendemain, la première d'*Hernani*, malgré les invitations, en rapportera 5 134 !

Le théâtre de la Porte-Saint-Martin

•

C'est le plus connu et le plus fréquenté des théâtres de boulevard. Il tire sa popularité des mélodrames qu'il produit et qui attirent le public. Il a donc mauvaise réputation auprès des esprits fins. Les hésitations des dramaturges romantiques entre les scènes officielles et les théâtres de boulevard illustrent bien ces dualités et ces tensions.
Le théâtre de la Porte-Saint-Martin est l'une des scènes les mieux aménagées de la capitale et qui sait le mieux diversifier ses choix de répertoire. C'est sur cette scène que triomphe, le 3 mai 1831, *Antony* d'Alexandre Dumas, pièce refusée tout d'abord par les acteurs du Théâtre-Français. C'est également à cette scène que Hugo confie *Marion de Lorme,* d'abord acceptée par le Théâtre-Français, puis censurée par un ministre, sous la Restauration. Elle y sera finalement créée, le 11 août 1831. L'année suivante, ce sera le tour de *Lucrèce Borgia,* du même Victor Hugo.
On observera que ce sont ses drames en prose que Hugo propose à la Porte-Saint-Martin, et non ses drames en vers (en novembre 1832, *Le Roi s'amuse* fut ainsi confié au Théâtre-Français).

Le dramaturge poète restait attaché à la diction du vers que les comédiens de ce théâtre maîtrisaient mieux.

Le théâtre de la Renaissance

•

Aux environs de 1835, certains milieux politiques, autour du duc et de la duchesse d'Orléans, seraient favorables à la création d'un théâtre qui accueillerait le « nouveau drame » ; la dualité du répertoire traditionnel du Théâtre-Français contre le répertoire populaire des théâtres de boulevard serait dépassée. Dumas et Hugo y sont également très favorables, mais refusent de prendre la direction du théâtre ; cette fonction est finalement confiée à Anténor Joly, directeur d'un journal qui a toujours soutenu le drame romantique. La demande de création est acceptée, mais non assortie de subventions. Ce nouveau lieu sera baptisé, de façon symbolique, théâtre de la Renaissance, et c'est pour l'inaugurer (le 8 novembre 1838) que Hugo écrira *Ruy Blas*.

Les comédiens

•

Les deux grandes étoiles du Théâtre-Français furent **Talma** (1763-1826) et **Mlle Mars** (1779-1847). Talma, élevé en Angleterre, apportait à la tradition française plus de naturel, tant dans la diction que dans la gestuelle ; il imposa la toge comme costume de scène, alors que ses prédécesseurs jouaient la tragédie romaine en costume de cour du XVIIe siècle. Sa « modernité » préparait l'essor des comédiens romantiques. Mlle Mars est également une comédienne classique, mais, forte d'une allure éternellement jeune, elle crée le rôle de Doña Sol dans *Hernani* (1830), pièce à laquelle elle ne croyait guère, et participe à quelques autres créations de drames romantiques.

Mais les deux grands véritables comédiens romantiques furent **Marie Dorval** (1798-1849) et **Frédérick Lemaître** (1800-1876). La première était le pur produit d'une formation d'actrice acquise par l'expérience ; fille de comédiens, elle monte sur les planches à huit ans. Toute la première partie de sa carrière est liée aux mélodrames des boulevards. Puis elle se révèle dans *Antony* de Dumas, *Marion de Lorme* de Hugo et surtout dans le rôle de Kitty Bell, écrit pour elle par Alfred de Vigny dans *Chatterton* (1835). Frédérick Lemaître, pour sa part, venait du Conservatoire et possédait donc une technique plus complète et plus sûre. Il s'illustra tout d'abord dans des mélodrames où sa faculté de provoquer le rire et les larmes de façon immédiate faisait merveille. Il connut son premier triomphe dans *Trente ans* ou *La Vie d'un joueur,* mélodrame de Ducange, face à Marie Dorval dont il fut très souvent le partenaire. Son intelligence d'interprétation lui permit d'aborder le répertoire shakespearien *(Othello, Hamlet)*. En 1836, une sorte de consécration lui fut apportée en interprétant le rôle du grand comédien anglais Kean, dans la pièce de Dumas. En 1838 enfin, c'est lui que Hugo choisissait pour le rôle de Ruy Blas. Son jeu était le résultat d'un travail certain et d'une grande liberté dans l'inspiration du moment. Il était fait de contraste : *« tendre et sceptique, trivial et noble, comique et terrible, humble et majestueux »* (Théophile Gautier, *Histoire de l'art dramatique*, Hetzel, 1858). On louait unanimement son sens du geste : *« Ce n'était pas sa faute s'il achetait un cigare au débit de tabac avec le geste d'Achille »* (Théodore de Banville, *Mes souvenirs*, Charpentier, 1882, p. 200). Il avait la personnalité d'acteur la mieux faite pour rendre le mélange de grotesque et de sublime qui habite les personnages de Hugo et particulièrement Ruy Blas : *« Il apporte aux jeunes premiers du théâtre de Hugo l'aura grotesque et violente qui les débarrasse de toute fadeur. »* (Anne Ubersfeld, *Le Drame romantique,* coll. « Lettres SUP », Belin.)

LES ŒUVRES

Deux forts tempéraments dramatiques dominent l'histoire de la scène romantique française : Alexandre Dumas et Victor Hugo. Leur production est contemporaine, leurs œuvres furent souvent rivales.

Alexandre Dumas (1802-1870)

•

Son œuvre n'est plus guère jouée de nos jours et l'on a tendance à juger médiocre sa qualité littéraire. Il faut cependant savoir qu'entre 1829 et 1832 il est le seul auteur romantique à pouvoir rivaliser avec Victor Hugo. C'est lui qui, le premier, et avant *Hernani*, fait triompher un drame romantique sur la scène du Théâtre-Français. Il s'agit de *Henri III et sa cour*, représenté le 11 février 1929 avec Mlle Mars dans le rôle féminin principal. La pièce fut louée, malgré les réticences que provoquaient les « brutalités » de l'auteur. Dumas réalisait le vœu des théoriciens, Stendhal entre autres, un drame historique d'inspiration nationale. Mais c'est au théâtre de la Porte-Saint-Martin que le répertoire de Dumas s'imposa principalement. Avec *Antony* (1831), Dumas fait ce que Hugo a toujours refusé de faire, composer un drame contemporain ; l'effet en est considérable et contribue au triomphe de l'œuvre servie par Marie Dorval entre autres. *La Tour de Nesle* (1832) marque le sommet de la réussite théâtrale de Dumas : la virtuosité des rebondissements et des coups de théâtre enchanta le public.

Victor Hugo (1802-1885)

•

Le premier drame de Victor Hugo est *Cromwell* (1827). Il ne fut pas joué en raison des proportions colossales de l'œuvre : plus de soixante personnages à texte et plus de six mille vers ! (*Ruy Blas* en compte 2 251 [1]) ; Hugo avait accepté le principe d'une réduction pour une mise en scène que la mort de Talma rendit impossible. Le drame, à la simple lecture, fit « l'effet d'une bombe », selon l'expression d'Anne Ubersfeld (*cf.* bibliographie, p. 272). Hugo y montre la possibilité d'écrire un drame de l'histoire, vue à travers toutes les couches de la société. En 1829, il écrit *Marion de Lorme*, drame en prose, accepté par le Théâtre-Français, puis censuré. Il récidive avec *Hernani*, créé le 25 février 1830. Partagé entre le Théâtre-Français et le théâtre de la Porte-Saint-Martin, Hugo décide de donner au premier un drame en vers, centré sur une figure de bouffon, *Le Roi s'amuse*, et au second un drame en prose, centré sur un principe tragique de fatalité familiale, *Lucrèce Borgia*. Le premier fut un désastre, le 22 novembre 1832, le second un triomphe, en 1833, avec Frédérick Lemaître dans le rôle masculin. Il donna encore, à la Porte-Saint-Martin, *Marie Tudor* en 1833, au Théâtre-Français *Angelo* en 1835, drame dans lequel s'affrontaient Mlle Mars et Marie Dorval, avant d'inaugurer le nouveau théâtre avec *Ruy Blas* en 1838.

Deux *outsiders* : A. de Vigny et A. de Musset

•

• Alfred de Vigny a rêvé, lui aussi, d'être le premier à faire accéder le drame romantique à la scène du Théâtre-Français. Il fait accepter une adaptation en vers alexandrins de l'*Othello* de Shakespeare sous le titre *Le More de Venise* ; la pièce connut un succès indéniable lors de sa représentation, le 24 octobre 1820. Il tenta un drame historique national, *La Maréchale d'Ancre* (1831), qui fut un échec, mais resta l'auteur applaudi de *Chatterton* (1835), drame du conflit entre l'artiste et la société. Le génie de Vigny était peu dramatique et même sa meilleure œuvre, *Chatterton*, reste plus intellectuelle que véritablement scénique.

---

1. À titre de comparaison, la plus longue des tragédies de Racine, *Iphigénie*, compte 1 796 vers.

• Alfred de Musset, au contraire, avait « la plume » théâtrale, mais une désastreuse première expérience avec *La Nuit vénitienne* (1830) le détourna rapidement de l'écriture pour la scène ; le reste de sa production resta pratiquement injoué de son vivant. Il est fort paradoxal que l'auteur de *Lorenzaccio* (1834) soit, à notre époque, le plus joué des auteurs romantiques français et n'ait pas été reconnu comme dramaturge pendant la sienne.

CONCLUSION

Le théâtre romantique français n'a pas connu une bien longue carrière. L'échec des *Burgraves* de Hugo, en 1843, signe sa disparition. Les causes de cette brièveté de vie peuvent être trouvées dans l'absence d'œuvre dramatique forte et cohérente ; chacun des auteurs évoqués a produit des drames de grand mérite, mais isolés. Le succès de Rachel, nouvelle jeune comédienne du Théâtre-Français, joua également un rôle certain dans le retour au théâtre classique ; elle l'abordait avec un naturel qui rompait avec la tradition qui l'avait jusqu'alors engoncé.
Ajoutons encore qu'au-delà de 1843 les œuvres théâtrales d'Edmond Rostand et de Paul Claudel héritent de la dramaturgie romantique : la première sans toujours éviter les défauts inhérents au genre, la seconde, au contraire, sachant magnifier l'héritage en l'unissant à celui de Shakespeare et de Calderón.

Pégase romantique, *caricature sur Victor Hugo.*
Lithographie de Langlumé.

LES SOURCES LITTÉRAIRES

La vengeance et le déguisement

•

Angelica Kauffmann de Léon de Wailly – long roman de huit cents pages, paru en mars 1838 (quelques mois avant l'écriture de *Ruy Blas*) – combine les deux aspects essentiels de la pièce de Hugo : d'une part, le principe de la vengeance par le biais d'une union indigne, d'autre part, le déguisement du valet en aristocrate.

L'aristocrate Shelton cherche à se venger d'Angelica Kauffmann qui l'a dédaigné ; il parvient à lui faire épouser Frédéric Brandt, laquais qui a usurpé l'identité du comte de Horne, disparu dans une tempête et qui a été son frère de lait.

Les rapprochements avec l'intrigue de *Ruy Blas* sont troublants ; Gustave Lanson, qui les a étudiés[1], note la ressemblance des attitudes des deux héros : *« l'incapacité de Frédéric à penser, à prévoir, à décider, sa passivité frémissante et frénétique »* semblent être des traits appartenant également à Ruy Blas.

Cependant, les premiers brouillons de *Ruy Blas* sont antérieurs à cette œuvre, et les thèmes du valet déguisé et de la vengeance par le mariage indigne ne sont pas rares. L'influence du roman de Wailly ne peut être que ponctuelle.

Les personnages royaux

•

La Reine d'Espagne de Hyacinthe de Latouche : cette pièce fut représentée une seule fois au Théâtre-Français, le 5 novembre 1831. L'héroïne en est Marie-Anne de Neubourg, reine d'Espagne, qui sera l'un des modèles de l'héroïne hugolienne. Hugo n'a pu ignorer cette œuvre et lui emprunte de nombreux détails : plus particulièrement le personnage de Casilda qui avertit la reine du duel projeté entre don Guritan et Ruy Blas, le mélange du comique et du tragique, bien qu'il se refuse à l'humour anticlérical et au comique touchant aux personnages royaux. De façon plus essentielle, la scène 3 de l'acte III, entre Ruy Blas et la reine, doit beaucoup à une scène similaire de la pièce de Latouche.

---

1. Gustave Lanson, *Victor Hugo et A. Kauffmann : note sur les origines de Ruy Blas*, RHLF, 1915, p. 392.

L'aristocratie et le peuple

•

Struensée ou Le Médecin de la reine, de Gaillardet : ce drame ou mélodrame en cinq actes date de 1833. Il reprend le thème authentique du ministre danois exécuté pour avoir séduit la reine. C'est probablement la source littéraire à laquelle le drame de Hugo est le plus redevable. Les thèmes communs sont assez troublants : l'homme destitué de son poste et qui s'attache à la perte des amants, l'opposition entre l'aristocratie et l'homme du peuple qui gouverne, la passion amoureuse entre la reine et son ministre. Des mouvements de scène se retrouvent de l'une à l'autre : la démission en série des ministres. Certains détails de répliques sont même très proches du texte hugolien : ainsi, à propos de l'ennui de la reine : « *livrée* [...] *si étincelante de vie, si rayonnante de jeunesse, à un royal cadavre qui n'a d'un époux que le nom et d'un homme que l'ombre* », et dans un monologue du héros : « *Pauvre médecin du peuple, ignoré dans la foule* [...] *Struensée, bâtard à ma naissance, avec un titre de docteur pour tout titre,* [...] *j'ose aimer une reine.* »
C'est dans ce mélodrame excessif que Hugo a puisé le plus d'éléments pour son drame.

Molière

•

Les Précieuses ridicules de Molière : c'est Hugo lui-même qui fait mention de la parenté entre la comédie classique et son drame. Dans le *Journal d'Adèle*, fille du poète, nous lisons ceci :

> *Ruy Blas est renouvelé* [des Précieuses ridicules]. *C'est le même sujet* [...]. *Ce sont aussi des laquais qui se font passer pour des maîtres, mais lorsque les faux maîtres redeviennent laquais, Cathos et Madelon s'étonnent et se méprisent de s'être laissé conter fleurette par des valets qui vont recevoir une bastonnade qu'ils méritent, tandis que quand le faux maître Ruy Blas s'avoue vrai laquais, la reine lui dit : « je t'aime » quoique valet, malgré ce qui les sépare, malgré la livrée* [...] *Entre* [Les Précieuses ridicules] *et Ruy Blas, il y a la* Révolution.

---

1. Brouillon du texte (ms 23805), in *Œuvres complètes*, Le Club Français du Livre, 1967.

LES SOURCES BIOGRAPHIQUES

Un souvenir d'enfance, rapporté dans *Victor Hugo raconté par un témoin de sa vie,* fait état d'une source de *Ruy Blas* : à l'époque où les parents du jeune Victor étaient en instance de divorce, la garde des enfants étant en débat, les enfants passaient par le jardin du Luxembourg pour se rendre à leur leçon ; là se tenait un théâtre de marionnettes :

> *On jouait la même scène constamment. Le jocrisse était un valet et avait un maître habillé en monsieur, qui le souffletait, le battait de çà, de là, sur toutes les coutures, aux endroits les plus malhonnêtes ; c'était une tempête, un tourbillon de coups ; les jeunes Hugo se régalaient de la rossée, la rossée réjouissait le public. Ils jetaient leur ignorance dans l'autre gouffre de douleur ; ils recommençaient : Corcova*[1].
>
> *Ils conspuaient ce malheureux de la société, ce banni voulu, cette bosse de l'homme, comme ils avaient conspué le bouffon de l'inaccessible : le frappé de Dieu.*
>
> *Le sombre valet a vengé le jocrisse. La queue rouge a monté aussi dans son soleil : elle a eu sa vision. Comme Jacob elle a gravi l'échelle lumineuse et s'est réveillée : Ruy Blas.* [...]
>
> *Les jeunes gens n'avaient pas eu ce qu'ils attendaient des marionnettes.* [...]
>
> *Pourtant ils avaient remport*[é] *l'envie de se donner des marionnettes, ils en avaient acheté qu'ils habillaient eux-mêmes* [...] *Victor fit une pièce. Le titre était* Le Château enchanté ; *la pièce ne fut jamais jouée.*

Don César de Bazan

•

Ce personnage[2] est le double anti-lyrique du héros. Avant la rédaction de *Ruy Blas*, c'est à lui que Hugo s'intéresse et à qui il consacre plusieurs esquisses. Il brosse le portrait du noble déchu et vivant en gueux ; son intégration dans le drame lui fait tenir le rôle d'un mort vivant. Dans la scène 2 de l'acte IV, en particulier, il est le disparu qui revient à la vie ; il est, de plus – le texte est éloquent sur ce plan –, le « frère » du héros.

---

1. *Corcova* : nom d'un bossu souffre-douleur au collège des Nobles, à Madrid, fréquenté par les enfants Hugo, en 1811 ; la fiction rejoint le réel.
2. Selon la thèse d'Anne Ubersfeld, *Ruy Blas, édition critique,* Annales littéraires de l'université de Besançon. 1971-1972, tome I, pp. 95 *sqq.*

Si l'on joint [...] le thème du mort vivant et celui du double fraternel, il est difficile de ne pas songer à l'origine biographique d'une telle conjonction : ce frère sorti de la vie pendant quinze ans, ce frère mort vivant muré dans son asile et dont la mort récente (20 février 1837) libère le poète du silence dont il entourait le disparu ; ce malheureux [...] que les visites de son frère agitent au point que les médecins conseillent à Victor de s'en abstenir.

Anne Ubersfeld, *Ruy Blas, édition critique,*
Annales littéraires de l'université de Besançon
Les Belles Lettres, 1971-1972.

Ce frère, c'est bien sûr Eugène Hugo dont la disparition faisait sourdre chez le poète un obscur sentiment de culpabilité.

LES SOURCES HISTORIQUES

À l'époque de la composition d'*Hernani*, Hugo se documente déjà sur l'Espagne. Aux alentours de 1829, il note sur deux feuillets une liste d'ouvrages relatifs à l'Espagne de la fin du XVIIe siècle, du règne de Philippe IV à celui de Philippe d'Anjou, période qui concerne plus *Ruy Blas* qu'*Hernani*. Certains de ces ouvrages seront réempruntés en 1838.

- Peu de temps avant d'entreprendre la rédaction de *Ruy Blas,* Hugo emprunte à la Bibliothèque nationale et à celle de l'Arsenal des ouvrages dont la plupart portent sur l'Espagne. Parmi eux, il utilisera : *Horas devotas*, ouvrage qui lui fournira un bon nombre de patronymes espagnols, *État présent de l'Espagne* (1719) par Vayrac, et *Mémoires de la cour d'Espagne* de Madame d'Aulnoy (1690). Le premier ouvrage apporte au dramaturge de nombreuses informations relatives à la situation politique et sociale de l'Espagne ; il puise dans le second beaucoup d'éléments concernant la vie de la cour, l'étiquette et la personnalité de la reine d'Espagne. Des *Mémoires secrets* du Marquis de Louville (1818), ambassadeur de France auprès de Philippe V, Hugo tire l'essentiel des renseignements politiques qui nourrissent la grande tirade de Ruy Blas et les portraits satiriques des courtisans.

- Face à ses multiples sources historiques, Hugo n'exerce pas de point de vue critique : pourquoi le ferait-il ? Lui-même utilise une anecdote en la changeant d'époque, en l'adaptant à ses besoins. Il ne fait pas œuvre d'historien, mais il a besoin d'arrière-plans solides que ces sources lui fournissent.

Entraîné par ses sources, il peut se tromper sur les détails historiques, il ne se trompe pas sur l'essentiel, et tout

> *compte fait le tableau qu'il trace de la situation intérieure de la monarchie est exact.*
>
> Anne Ubersfeld, *op. cit.* p. 47.

Mais sur ce plan du respect de l'histoire, Hugo gomme certains aspects de façon significative. Globalement, il estompe ou élimine ce qui donnerait à son drame une historicité qui interdirait, au-delà de l'Espagne, une vision politique plus large. Bien que ces éléments soient mentionnés dans ses sources, il ne parle pas de la fuite des capitaux espagnols à l'étranger, de l'effondrement de l'agriculture en rapport avec le Nouveau Monde. Plus nettement encore, Hugo évite de parler du clergé, pourtant omniprésent dans les destinées de l'Espagne ; pas d'allusions à des autodafés ou à des séances d'exorcisme, qui auraient assuré un pittoresque dont le public des dramaturges romantiques était pourtant friand. Il ne souffle mot, sinon de façon très allusive, d'un débat pourtant central de la vie politique espagnole, celui de la succession au trône : reviendra-t-il aux Habsbourg d'Autriche ou aux Bourbons de France ?

Loin de la volonté de « faire espagnol », il semble que, dans *Ruy Blas*, Hugo s'attache à peindre le moment de décadence extrême d'une monarchie : ce faisant, il élargit sa méditation politique à toute monarchie et à tout pays.

Quant aux personnages, Hugo les invente, conformément à une pratique du roman historique qu'il hérite de Walter Scott :

> *Quand je peins l'histoire, jamais je ne fais faire aux personnages que ce qu'ils ont fait, ou pu faire, leur caractère étant donné, et je les mêle le moins possible à l'invention proprement dite. Ma manière est de peindre des choses vraies par des personnages d'invention.*
>
> *Lettre à l'éditeur Lacroix*, décembre 1868, Calmann-Lévy, 1898.

Pour Salluste, Hugo a pu s'inspirer de don Juan d'Autriche, le bâtard de Philippe IV et d'une actrice, doué pour l'intrigue et attaché à perdre la reine. Pour Ruy Blas, on songe à Fernando de Valenzuela, devenu ministre grâce à la reine Marie-Anne d'Autriche, veuve de Philippe IV. Mais la part créative, dans les deux cas, reste prépondérante.

Le cas de la reine est plus complexe ; elle est le seul personnage relativement historique, à cela près que Victor Hugo utilise plusieurs modèles. C'est Anna-Maria de Neubourg qu'il met en scène, avec la personnalité de Marie-Louise d'Orléans, première femme de Charles II. Il faut encore ajouter que sa relation amoureuse avec Ruy Blas fait songer au contraire à Marie-Anne d'Autriche citée plus haut.

LA RÉDACTION DE L'ŒUVRE

Il s'agit tout d'abord d'une commande. En 1838, le projet d'ouvrir un nouveau lieu de représentation, nommé théâtre de la Renaissance, voit le jour ; Hugo a joué un rôle assez important dans ce projet. Le nouveau directeur, Anténor Joly, lui demande une pièce pour l'inauguration ; ce sera *Ruy Blas « dont le sujet le préoccupait depuis longtemps »* [1].

À l'origine il semble que Hugo ait songé à la faire débuter par l'actuel troisième acte :

> *La toile se levait sur Ruy Blas grand seigneur aimant la reine et aimé d'elle. Le spectateur n'était pas prévenu que ce ministre était un laquais. On devait voir tout à coup Salluste surgir et jouer avec le déguisement de son valet pour le lui arracher ensuite.*
>
> Charles Hugo, préface de *La Bohême dorée*, 1852.

C'est dire que, pour le dramaturge, la scène clé de l'œuvre est l'actuelle scène 5 de l'acte III. Lui-même précisera, par le biais du *Journal d'Adèle* :

> *Ainsi savez-vous comment l'idée de* Ruy Blas *m'est venue ? Je voulais représenter un ministre investi de la toute-puissance, maître absolu d'un grand royaume ; lorsqu'il est arrivé au plus haut degré du pouvoir, un jour au milieu de ses courtisans et de ses adulateurs, un homme inconnu entre et lui parle en maître. Voilà l'idée d'où est sorti* Ruy Blas.

La pièce sera écrite, comme souvent le cas chez Victor Hugo, assez rapidement. Le 21 juin 1838, il semble s'être mis au travail. Une lettre de Juliette en témoigne : *« Il paraît, mon cher bien-aimé, que c'est aujourd'hui que tu as sérieusement commencé la grande œuvre. »* (21 juin, jeudi soir, 7 h 30 [2].) Le manuscrit du début de la pièce porte la date du 8 juillet, date qui est celle de la mise au point définitive, non celle du début absolu de l'écriture. Ce manuscrit porte en marge des tirets dont on peut penser qu'ils signalent le travail d'une journée. Ainsi peut-on suivre l'évolution de l'écriture vers par vers et jour après jour. L'acte premier est achevé le 14 juillet. Du 16 au 22, Hugo compose l'acte II ; le troisième est commencé le 23, pour sa mise au net, et achevé le 31 juillet.

1. « Victor Hugo raconté », in *Œuvres complètes*, Le Club Français du Livre, 1967, tome V, p. 1398.
2. P. Souchon, *Autour de Ruy Blas*, Albin Michel, 1939.

On sait que le 1er août, Hugo lit les trois premiers actes à Juliette, plus des extraits du quatrième : « *Je voudrais bien entendre mon quatrième acte dont j'ai déjà flairé quelques lignes cette nuit, ça sentait bien* bonne [*sic*]. » (lettre du 2 août au soir.) Du 2 au 8 août, Hugo compose le quatrième acte : le cinquième est commencé le jour même de l'achèvement du précédent. Et le manuscrit est daté finalement du 11 août, 7 heures du soir. « *Quel miracle que ta pièce, mon pauvre bien-aimé, et que tu es bien bon de me l'avoir fait admirer la première* », lui écrit Juliette (lettre du 12 août, dimanche).

On peut en conclure que le poète a travaillé très régulièrement, presque tous les jours, à raison de quarante à quatre-vingt-dix vers par jour, et que le travail a été plus rapide pour les deux derniers actes.

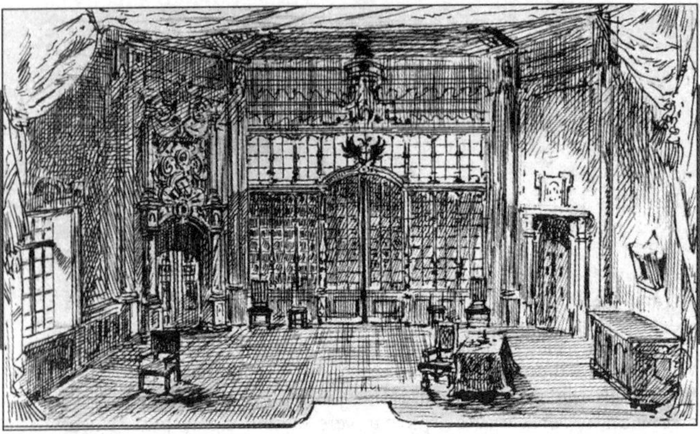

Acte premier : plantation et mise en état.
Décors dessinés pour Ruy Blas *par Jacques Valnay.*
Paris, bibliothèque de la Comédie-Française.

ACTE I		
Scène 1	*Personnages*	Salluste, Gudiel, Ruy Blas.
	Événements principaux	La chute de Salluste. Son désir de vengeance.
	Jeu sur le costume et l'identité	Salluste porte toison d'or• et plume au chapeau.
	Jeux d'objets directement liés à l'intrigue	Salluste demande à Ruy Blas d'ouvrir la fenêtre.
Scène 2	*Personnages*	Salluste, César.
	Événements principaux	Le passé de César. Proposition de Salluste. Refus de César.
	Jeu sur le costume et l'identité	César arbore le pourpoint• du duc d'Albe.
Scène 3	*Personnages*	• Ruy Blas, César, (Salluste)[1]. • Ruy Blas, César, Salluste, les alguazils•.
	Événements principaux	• Le passé commun. L'amour pour la reine. • Élimination de César par Salluste.
	Jeu sur le costume et l'identité	La livrée de Ruy Blas.
	Jeux d'objets directement liés à l'intrigue	Lettres et fleurs envoyées à la reine.
Scène 4	*Personnages*	Ruy Blas, Salluste.
	Événements principaux	Salluste fait de Ruy Blas son complice involontaire.
	Jeu sur le costume et l'identité	Ruy Blas passe au cou l'écharpe et l'épée de Salluste.
	Jeux d'objets directement liés à l'intrigue	Ruy Blas écrit deux billets : 1. Le rendez-vous signé César. 2. L'engagement du laquais signé Ruy Blas.
Scène 5	*Personnages*	Ruy Blas, Salluste, les grands•, (la reine).

1. (...) : signifie, chaque fois, personnage muet ou invisible.

	Événements principaux	Salluste présente Ruy Blas comme son cousin et lui demande de séduire la reine.
	Jeu sur le costume et l'identité	Ruy Blas est revêtu du manteau de Salluste. Il devient César.
	ACTE II *(un mois après)*	
Scène I	*Personnages*	La reine, Casilda, la duchesse, Guritan, (suite).
	Événements principaux	La vie de la reine : l'absence du roi, le poids de l'étiquette.
Scène 2	*Personnage*	La reine.
	Événements principaux	Un inconnu l'aime. Elle se défend de l'aimer.
	Jeux d'objets directement liés à l'intrigue	Elle a la lettre, les fleurs de Ruy Blas, et un morceau de dentelle déchirée.
Scène 3	*Personnages*	• La reine, Casilda, la duchesse, Guritan, (suite), (Ruy Blas). • La reine, Ruy Blas, Casilda, la duchesse, Guritan, (suite).
	Événements principaux	• La reine reçoit une lettre du roi sans intérêt. • Aveu « muet » entre la reine et Ruy Blas.
	Jeu sur le costume et l'identité	• Ruy Blas « magnifiquement vêtu », son bras gauche dissimulé. • Ruy Blas évanoui, sa main gauche bandée.
	Jeux d'objets directement liés à l'intrigue	• Lettre du roi écrite de la main de Ruy Blas. • La manchette déchirée ; le morceau de dentelle revient à Ruy Blas.
Scène 4	*Personnages*	Ruy Blas, Guritan, (Casilda).
	Événements principaux	Guritan, jaloux, provoque Ruy Blas en duel.
Scène 5	*Personnages*	La reine, Guritan.

	Événements principaux	Élimination de Guritan par la reine.
	Jeux d'objets directement liés à l'intrigue	Coffret remis par la reine à Guritan.
ACTE III *(six mois après)*		
Scène 1	*Personnages*	les grands•, (Ruy Blas) à la fin.
	Événements principaux	L'ascension du favori. La curée des bénéfices.
Scène 2	*Personnages*	Ruy Blas, (les grands) sauf à la fin, (la reine).
	Événements principaux	Tableau de la misère de l'Espagne.
	Jeu sur le costume et l'identité	Ruy Blas : toison d'or•, chapeau à plume blanche.
Scène 3	*Personnages*	Ruy Blas, la reine.
	Événements principaux	Aveu réciproque d'amour et d'admiration.
Scène 4	*Personnages*	Ruy Blas, (Salluste), Salluste.
	Événements principaux	Ruy Blas dit la plénitude de sa félicité.
Scène 5	*Personnages*	Ruy Blas, Salluste.
	Événements principaux	Salluste rappelle à Ruy Blas qu'il est à son service.
	Jeu sur le costume et l'identité	Salluste en laquais.
	Jeux d'objets directement liés à l'intrigue	Salluste : – demande à Ruy Blas de fermer la fenêtre et de ramasser son mouchoir ; – lui montre le billet 2.
ACTE IV *(le lendemain matin)*		
Scène 1	*Personnages*	Ruy Blas, (un page).
	Événements principaux	Ruy Blas cherche à protéger la reine de Salluste.
	Jeu sur le costume et l'identité	Ruy Blas sans la toison d'or•.

	Jeux d'objets directement liés à l'intrigue	Envoi d'une lettre à la reine par le biais de Guritan.
Scène 2	*Personnages*	César.
	Événements principaux	La « renaissance ».
	Jeu sur le costume et l'identité	César revêt le manteau de Salluste.
Scène 3	*Personnages*	César, le laquais.
	Événements principaux	Le laquais remet à César l'argent de Salluste.
	Jeu sur le costume et l'identité	Quiproquo : César est pris pour Ruy Blas.
Scène 4	*Personnages*	César, la duègne.
	Événements principaux	La duègne confirme le rendez-vous de la reine.
	Jeu sur le costume et l'identité	Quiproquo : César est pris pour Ruy Blas.
	Jeux d'objets directement liés à l'intrigue	Réapparition du billet 1. César y fait écrire : « Venez ».
Scène 5	*Personnages*	César, Guritan.
	Événements principaux	Querelle et provocation en duel.
	Jeu sur le costume et l'identité	Quiproquo : Guritan refuse de croire à l'identité de César.
	Jeux d'objets directement liés à l'intrigue	Guritan n'a pas eu la lettre destinée à la reine (IV-1).
Scène 6	*Personnages*	Salluste, (César, Guritan).
	Événements principaux	Les craintes de Salluste. Élimination de Guritan.
	Jeu sur le costume et l'identité	Salluste n'est plus en laquais.
Scène 7	*Personnages*	Salluste, César.
	Événements principaux	César rassure involontairement Salluste. Élimination de César.
	Jeu sur le costume et l'identité	César est arrêté en tant que Matalobos.

ACTE V *(le soir même)*		
Scène 1	*Personnage*	Ruy Blas.
	Événements principaux	Rassuré sur le sort de la reine, il décide de se tuer.
	Jeu sur le costume et l'identité	Ruy Blas : longue robe qui cache son vêtement.
	Jeux d'objets directement liés à l'intrigue	Ruy Blas dispose devant lui une fiole de poison.
Scène 2	*Personnages*	Ruy Blas, la reine.
	Événements principaux	Ruy Blas cherche à éloigner la reine : malentendu.
	Jeux d'objets directement liés à l'intrigue	Réapparition du billet 2.
Scène 3	*Personnages*	Ruy Blas, la reine, Salluste.
	Événements principaux	Triomphe et chantage de Salluste. La vérité dévoilée par Ruy Blas. Mort de Salluste.
	Jeu sur le costume et l'identité	Ruy Blas découvre son habit de laquais.
	Jeux d'objets directement liés à l'intrigue	Le billet 1 est devenu inutile.
Scène 4	*Personnages*	Ruy Blas, la reine, (Salluste).
	Événements principaux	Ruy Blas implore le pardon de la reine qui d'abord refuse : il se tue.
	Jeux d'objets directement liés à l'intrigue	Ruy Blas absorbe le poison de la fiole.

LES RESSORTS DE L'INTRIGUE

Pour rendre possible l'intrigue de *Ruy Blas*, deux ressorts sont indispensables : d'une part, la vengeance de Salluste, de l'autre l'amour de Ruy Blas. Chacun des deux événements a une part égale dans l'élaboration du nœud.

Sans la vengeance de Salluste, Ruy Blas, même amoureux de la reine, reste condamné à sa situation de *« ver de terre, amoureux d'une étoile »* (v. 798) : l'expression a le mérite, par sa valeur métaphorique, de marquer la distance extrême entre les deux êtres et d'indiquer qu'ils n'ont aucune chance de se rencontrer. Il faut donc l'intervention de Salluste pour que le rapprochement soit possible.

Sans l'amour de Ruy Blas, Salluste ne peut se venger de la reine. L'acte I met en scène une première tentative infructueuse de Salluste : son projet initial est de se servir de don César et non de son laquais.

> *Il faut, par quelque plan terrible et merveilleux,*
> *– Tu n'es pas, que je pense, un homme scrupuleux, –*
> *Me venger !*
>
> (v. 215-217.)

Les termes dans lesquels est formulé le marché à don César montrent comment, en homme peu scrupuleux, il a pensé à un homme aussi peu scrupuleux, ou qu'il croit tel. Il ne songera à utiliser Ruy Blas qu'après le refus de don César et après qu'il a découvert l'amour de Ruy Blas pour la reine : *« Cette sombre figure écoutait à la porte. »* (v. 450.)

Les deux ressorts de l'intrigue ont donc le même « appui » dramatique : le personnage de la reine. Ainsi se trouvent réunis et désignés les trois personnages indispensables à l'action : Salluste, Ruy Blas et la reine. On constate ainsi que don César, malgré l'importance de son rôle, n'est pas strictement nécessaire à l'intrigue. Salluste aurait très bien pu faire passer Ruy Blas pour l'un de ses parents sans que celui-ci soit présent sur scène. Cela ne signifie en rien que don César soit « de trop » ; son utilité est probablement à rechercher en d'autres domaines.

Il faut encore observer que l'union de ces deux ressorts est paradoxale. Les deux sentiments sont antagonistes : haine de Salluste, amour de Ruy Blas. Pourtant, ils sont indispensables l'un à l'autre pour arriver à leurs fins. Ruy Blas sera donc, malgré lui, le complice de Salluste. D'après son texte, il semble le découvrir assez tard :

> *Car c'est une vengeance ! oui, la chose est certaine !*
> *Et je devine bien que c'est contre la reine !*
>
> (v. 1441-1442.)

On peut se demander si, inconsciemment, il ne refusait pas de comprendre ce que tout lui laissait entendre. De là, ce sentiment de culpabilité si aigu qu'il exprime dans les deux derniers actes.

L'ÉVOLUTION DE L'INTRIGUE

Les événements qui font progresser l'intrigue sont, parmi les plus repérables, des péripéties ou des coups de théâtre. La « *péripétie est* [...] *le passage d'un état à un autre, contre ce qu'on avait attendu*[1] ». Les coups de théâtre « *sont le plus souvent des événements subits et sans nulle préparation : lorsqu'ils sont bien amenés, ils forment une surprise très intéressante* »[2]. Les deux termes sont donc liés ; ils indiquent un changement assez brutal dans la suite des événements, le second étant encore plus inattendu que le premier. Tous les dramaturges utilisent ces moyens ; cependant, ils doivent éviter de les multiplier à l'excès. La dramaturgie du mélodrame dont s'inspire celle du drame romantique manifeste cette fâcheuse tendance.

Acte I, scène 5

•

Entre la scène 4 et la scène 5, Hugo modifie brutalement la situation de Ruy Blas : nous avons donc une première péripétie.

> *La porte du fond sur la galerie s'ouvre. Don Salluste détache son manteau et le jette vivement sur les épaules de Ruy Blas, au moment où le marquis del Basto paraît ; puis il va droit au marquis, en entraînant avec lui Ruy Blas stupéfait.*
>
> Didascalie marquant la fin de la scène 4.

Le fonctionnement de cette péripétie repose sur le vêtement et l'identité, deux éléments essentiels de la dramaturgie de Ruy Blas[3]. Le jeu de scène indiqué par Hugo note la vivacité du mouvement de Salluste ; par ce geste, il crée la supercherie, par la parole qui suit, il l'accomplit :

> *Souffrez qu'à Votre Grâce*
> *Je présente, marquis, mon cousin don César,*
> *Comte de Garofa, près de Velalcazar.*
>
> (v. 518.)

---

1. Définition de l'abbé Morvan de Bellegarde, in *Lettres curieuses de littérature et de morale*, Guignard, 1702, p. 329.
2. Définition de l'abbé Nadal, « Observations sur la tragédie ancienne et moderne », in *Œuvres mêlées*, tome II, Briasson, 1738, p. 196.
3. *Cf.* la rubrique « costume » (index thématique), p. 259.

Cette péripétie vise un effet scénique indéniable et d'une grande efficacité ; la stupéfaction de Ruy Blas, le principal intéressé, est à la mesure de celle du spectateur. À cela près, toutefois, que ce dernier pouvait pressentir un événement de cette nature. Quelques vers auparavant, Salluste a invité Ruy Blas à passer autour de son cou l'écharpe de soie, peinte et brodée, qui soutient l'épée de Salluste. Le changement d'identité a donc été amorcé sur le mode ludique, sans que Ruy Blas en soupçonne le but. Le spectateur a pu également noter que Salluste s'est débarrassé du véritable don César (v. 452 *sqq.*).

Il ne s'agit donc pas d'un véritable coup de théâtre ; nous avons eu sous les yeux tous les éléments qui préparent l'événement, sans que l'on puisse pour autant en déterminer la nature exacte, ce qui maintient l'effet de surprise.

Acte II, scène 3

•

Alors que la reine regarde le billet envoyé par le roi, elle reconnaît l'écriture du secrétaire, la même que celle de la lettre qu'elle conserve sur son cœur.

Est-ce une illusion ? c'est la même écriture
Que celle de la lettre !

(v. 826.)

Ici, la péripétie n'a pas pour but de modifier le cours des événements, mais plutôt de le révéler brutalement à la conscience d'un personnage et de modifier ainsi les données de l'action. C'est par le biais de l'écrit[1], non plus du vêtement, tout aussi important dans le drame, qu'elle survient.

Hugo, là aussi, a soigneusement préparé son effet. Dans un premier temps, la reine a réclamé la lettre (v. 813), mais la duchesse s'est interposée et l'a lue elle-même, ne donnant ainsi connaissance que du contenu, insipide au demeurant ; la reine refuse ensuite de la considérer (v. 821), mais la remarque de Casilda sur le fait que la lettre a été dictée incite la reine à y prêter attention, par dépit, et à identifier ainsi l'écriture qui déclenche la reconnaissance. On voit comment Hugo gradue ses effets, permettant à la reine de passer de l'accablement à l'espoir soudain, comment il parvient à dissocier le contenu de la lettre de la calligraphie ; contre toute logique, c'est la seconde qui est signifiante et non le premier.

---

1. *Cf.* la rubrique « lettre » (index thématique), p. 267.

Cet événement va permettre la première rencontre de la reine et de Ruy Blas, scène particulièrement réussie où les deux protagonistes découvrent leur amour mutuel, alors qu'ils n'échangent aux yeux des autres personnes que des paroles d'une grande banalité.

Acte III, scène 5

•

Cette fois, nous approchons du véritable coup de théâtre. Il se situe à la jonction de la scène 4 et de la scène 5. C'est par le biais d'une didascalie, en fin de scène 4, que Victor Hugo en donne le fonctionnement :

> *Depuis quelques instants, un homme est entré par la porte du fond, enveloppé d'un grand manteau, coiffé d'un chapeau galonné d'argent. Il s'est avancé lentement vers Ruy Blas sans être vu, et, au moment où Ruy Blas, ivre d'extase et de bonheur, lève les yeux aux ciels, cet homme lui pose brusquement la main sur l'épaule. Ruy Blas se retourne comme réveillé en sursaut. L'homme laisse tomber son manteau, et Ruy Blas reconnaît don Salluste.* [...]

Face à cette didascalie, on peut faire une première remarque concernant son écriture : elle est véritablement rédigée comme un passage de roman. Elle est faite autant pour la lecture que pour indiquer des jeux de scène : entre autres signes, on retiendra que Hugo ne nomme pas Salluste, mais le désigne par *« un homme »* jusqu'à ce qu'il se découvre. La surprise est donc ménagée même pour le lecteur.
Hugo accorde un soin tout particulier à « exhiber » son coup de théâtre, préparant la surprise de Ruy Blas, par la lenteur de la marche de *« l'homme »*, le rapprochement de l'extase et de la présence démoniaque de Salluste, le geste de la main posée sur l'épaule, la précision marquant le « réveil » de Ruy Blas. Incontestablement, c'est un moment que le dramaturge veut d'une grande force, et il n'est pas interdit de penser que tant d'insistance sur les modalités du jeu tendent à donner à ce moment une grandeur mythique.
Ce ne sont plus simplement deux individus qui se retrouvent, mais l'image même de l'homme aux prises avec la fatalité. Le détail *« comme réveillé »* incite à donner à tout ce qui précède la valeur du rêve ; *« La vie est un songe*[1] *»* disait Calderón, et Hugo

1. Titre de trois œuvres de Calderón de la Barca (1600-1681), dramaturge espagnol du Siècle d'or : une *comedia* de 1636 (*cf.* Classiques Hachette) et deux *autos sacramentales* (1673) sur le thème baroque illustré par le titre.

le redit à sa manière. Le coup de théâtre devient spectacle presque allégorique par sa lenteur significative.
L'effet sur le spectateur est également celui de la surprise ; contrairement aux exemples cités plus haut, rien à ce moment n'a préparé l'entrée de Salluste. Le spectateur est exactement dans le même état d'esprit que le héros : s'il a « oublié » Salluste, c'est qu'il voulait croire au bonheur du rêve.

Notons que l'intervention de don César à l'acte IV ménage un effet de surprise, mais ne modifie pas le cours de l'intrigue (nous y reviendrons plus loin), et que l'acte V ne comporte pas de coup de théâtre à proprement parler ; tous les événements qui s'y produisent sont prévisibles pour le spectateur, ils obéissent à une certaine logique que nous analyserons plus loin également.

DEUX MOMENTS CLÉS DE L'INTRIGUE

Une exposition *in medias res*

•

L'intrigue est entièrement contenue dans le premier acte.
Elle permet de faire connaissance avec tous les personnages qui seront importants : don Salluste, Ruy Blas, don César, largement présents ; la reine, que l'on ne fait qu'apercevoir, mais qui occupe en priorité le discours des autres personnages. Seul Guritan n'apparaît qu'au deuxième acte (on y fait allusion cependant au vers 414).
Tous les faits du passé, nécessaires à la compréhension du présent, sont exposés :
– la disgrâce de Salluste (v. 5-14) ; c'est le passé le plus récent, le plus brûlant aussi pour le personnage, ce qui justifie qu'il le ressasse d'entrée de scène ;
– l'amour de Ruy Blas pour la reine (v. 366) ; c'est l'autre élément du passé récent ;
– l'ancienne situation de Salluste (v. 14-21), passé plus ancien qui, comparé à sa disgrâce, accuse la chute de celui-ci ;
– l'ancienne situation de Ruy Blas (v. 286-320) ; son enfance et son éducation qui expliquent à la fois sa fonction de laquais et rendent plausible sa future accession au pouvoir ;
– la situation de César (v. 66-130) ; comment il est devenu voleur après avoir été riche.
On découvre aussi les événements qui construiront l'avenir :
– dans le dernier vers, saisissante clôture de l'acte : « *De plaire à cette femme et d'être son amant.* » (v. 584.)

La qualité dominante de cette exposition est que tout est fait sous le signe de l'action. Dès son entrée en scène, ô combien mouvementée, Salluste proclame son désir de vengeance (v. 31) et tout l'acte est déjà une tentative de mise en œuvre de cette vengeance. Ainsi Hugo, en dramaturge habile, ne dissocie pas le développement des éléments nécessaires à l'exposition et l'action elle-même. Les informations sur les personnages sont données de façon très naturelle :

– soit grâce au procédé classique[1] de la double énonciation, selon laquelle un personnage informe un partenaire et le public en même temps ; c'est le cas de la tirade de Ruy Blas (v. 286-320) ;

– soit de façon plus originale, par une information faite sous forme de rappel, qui n'apprend rien ni à l'un, ni à l'autre des personnages, mais sert déjà la stratégie de l'un deux. C'est le cas des vers 66 à 130. Salluste « raconte » ses exploits passés à don César qui, bien entendu, les connaît. Ainsi, le spectateur en prend connaissance et découvre Salluste préparant sa proposition (v. 170-175).

Un implacable dénouement

•

Il est déjà mis en place à la fin de l'acte III, par Salluste :

> *Si tu n'obéis pas, si tu n'es pas demain*
> *Chez toi, pour préparer ce qu'il faut que je fasse...*
> (v. 1480-1481.)

L'acte IV ne fera que retarder l'accomplissement de ce « programme », nous y reviendrons.

L'acte V est donc la mise en acte d'une vengeance annoncée. Il se déroule suivant un schéma fort simple. Seulement quatre scènes et trois protagonistes, autour desquels Hugo resserre son action. On peut arguer du fait que Ruy Blas pense que la reine ne viendra pas ou que la reine ne connaît pas le piège que Salluste lui tend pour réintroduire la notion de péripéties, mais ce serait à tort, puisque le spectateur, pour sa part, sait parfaitement, dès le lever du rideau sur l'acte V, ce qui s'y passera.

• Un premier élément de dénouement est apporté par la scène 1 : Ruy Blas *« tire de sa poitrine une fiole qu'il pose sur la table »*. Son suicide est ainsi annoncé dès le début de l'acte : Hugo évite un effet de surprise trop artificiel.

1. L'un des procédés utilisés fréquemment par Jean Racine : *cf.*, par exemple, *Andromaque*, acte I, scène 1, entre Oreste et Pylade.

• Un deuxième élément est constitué par l'arrivée de la reine, ce qui n'est une surprise, rappelons-le, que pour Ruy Blas : *« Dieu ! c'est elle ! – au piège horrible / Elle est prise ! »* (v. 2062-2063.)

• Le troisième est dû à l'arrivée, tout aussi attendue, de don Salluste. Les trois protagonistes sont alors réunis pour la mise à mort : celle de Ruy Blas est prévue, c'est donc celle de Salluste qui sera la dernière pièce du dénouement.

Dénouement fait d'une suite d'éléments inéluctables, parfaitement nécessaires, dont l'enchaînement suit un déroulement implacable jusqu'à la chute, non du couple d'amants, mais du couple maître-valet unis dans leur échec commun : échec de la vengeance de l'un, échec de l'amour de l'autre.

L'ACTE IV, UN STATUT PROBLÉMATIQUE

Dans ses *Mémoires*, Alexandre Dumas observe que Victor Hugo avait pour défaut de *« faire des quatrièmes actes qui pouvaient s'enlever comme des tiroirs* [1] *»*.

Cette formule résume assez bien le problème que pose le statut de l'acte IV dans *Ruy Blas*. Il semble que l'on puisse le retirer sans compromettre le sens de la pièce et sans nuire à sa cohérence. Pourrait-on passer directement de la fin du troisième acte au début du cinquième ? D'évidence, cela serait très facile, à quelques nuances près. Le projet que Salluste met en place à la fin de l'acte III sera exécuté dans l'acte V. Par conséquent, à quoi sert cet acte IV ?

• Il vient en premier lieu « brouiller » la ligne de l'action dominée et dessinée par la volonté de Salluste.

C'est à Ruy Blas qu'il revient de chercher à contrecarrer cette volonté, ce qui est parfaitement justifiable. Dès la scène 1, il cherche à prévenir la reine :

> *C'est dit. Empêchons-la de sortir du palais.*
> *Faisons-la prévenir sûrement, sans délais. –*
> (v. 1535-1536.)

Son choix se porte sur don Guritan, dont il espère se faire un allié. L'arrivée inopinée de don César a pour effet imprévu et paradoxal d'annuler l'intervention de Ruy Blas et donc de replacer l'action sous le signe de Salluste. En effet, il fait inscrire

---

1. Alexandre Dumas, *Mémoires*, Méline, Bruxelles, 1re série, 1852-1853, tome XIII, p. 169.

«*Venez*» sur le billet que Ruy Blas a écrit sous la dictée de Salluste (acte I, scène 4, v. 481-491).
L'arrivée de don Guritan, choisi comme allié par Ruy Blas, renforce par un malentendu le projet de Salluste :

Tout à l'heure il m'envoie un laquais à sa place. [...]
Je n'ai point voulu voir le valet. Je l'ai fait
Chez moi mettre en prison, et je viens chez le maître.
(v. 1882-1885.)

À son arrivée, scène 7, Salluste constate avec soulagement que, «grâce» à César, la machine infernale est toujours en état de fonctionner : l'acte V peut avoir lieu.

Allons! bonté du ciel! il n'a rien dérangé!
Au contraire. [...]
(v. 1959-1960.)

Sur le plan de l'action, l'acte IV joue donc sur un double retournement : Ruy Blas s'oppose à l'exécution de la vengeance de Salluste ; César, malgré lui, la rend de nouveau possible.

• Le schéma adopté par Hugo pour son quatrième acte s'inspire, d'une certaine manière, du quatrième acte des tragédies cornéliennes. Dans *Horace*, par exemple, l'acte III s'achève sur la fuite supposée d'Horace devant les Curiaces, et donc la défaite de Rome, possible dénouement que les actes IV et V viendront contrecarrer. Hugo modifie cependant le schéma, faisant en sorte que le dénouement qui apparaît à la fin de l'acte III ne soit pas contredit, ou plutôt qu'il le soit deux fois, la seconde contradiction annulant la première.
Sur le plan de la simple conduite de l'intrigue, l'acte IV repose sur un retardement de la catastrophe, qui permet à Hugo de «jouer avec les nerfs» de son spectateur. Loin de dissimuler les procédés qui lui permettent cet effet, Hugo les exhibe et en joue. «*L'esthétique de Hugo est théâtrale en ce qu'elle est une esthétique de l'artifice visible, de la "théâtralité"*», note Anne Ubersfeld[1], et cette observation s'applique parfaitement à ce quatrième acte de *Ruy Blas*.
Cet acte comporte en outre d'autres centres d'intérêt : développement du personnage de César, intrusion du burlesque et mélange de tons, brio des dialogues ; mais cela ne relève plus strictement de l'organisation de l'intrigue.

1. *Le Drame romantique*, Belin, p. 149 (*cf.* bibliographie, p. 272).

CONCLUSION

L'intrigue de *Ruy Blas* obéit à un schéma totalement cohérent. Dès le premier acte, le projet de Salluste se dessine comme schéma dramatique à venir, et dès ce même acte est donnée la clé du dénouement, par la rédaction des deux billets que don Salluste fait écrire à son laquais.

Le troisième acte, centre exact du drame, est à la fois celui de l'apogée du héros sur les plans politique et amoureux et celui de son « réveil », puisque Salluste réapparaît en fin d'acte. Le dessin « pyramidal » de la ligne d'action est ainsi très marqué.

Le seul événement qui vienne « corriger » le dénouement prévu par Salluste est la révolte du valet contre son maître. L'exercice du pouvoir, l'expérience de l'amour partagé ont révélé Ruy Blas à lui-même ; bien que rendu à sa condition de valet, il est capable de s'opposer.

Acte V, scène 3. Mise en scène de Jean Vilar avec Gérard Philipe, TNP (1954).

À LA CRÉATION

La pièce provoque des réactions très diverses : quelques articles élogieux, mais plutôt conventionnels et vagues, d'autres très virulents et agressifs.

La réaction des écrivains :

> Balzac, qui n'a pas vu la pièce, écrit :
> « Ruy Blas *est une énorme bêtise, une infamie en vers.* »
>
> *Lettre à l'Étrangère,* 15 décembre 1838.

> *Je n'ai pas vu* Ruy Blas, *ne le verrai, ni le lirai* [...]. *Il y a dérision publique, non seulement sur la pièce, mais sur l'homme.*
>
> Sainte-Beuve, *Lettre à Ulric Guttinger,* 22 novembre 1838.

Les articles élogieux :

> [Ruy Blas] *peut à juste titre prendre place à côté des plus belles œuvres dramatiques du poète* [...]. *Le quatrième acte est* [...] *la plus spirituelle comédie qui ait été faite depuis longtemps.*
>
> *Le Monde dramatique*, novembre 1838, article signé Th. V.

> *Jamais œuvre française ne s'est éloignée davantage des formes et des procédés de la tragédie et n'a pu servir à tracer entre les deux genres (drame moderne et tragédie) une délimitation plus formelle :* [...] *singulière et puissante composition mêlée d'histoire et de roman, de rires et de larmes, de rêverie et de vérité.*
>
> *L'Estafette,* 12 novembre 1838.

Les éloges fielleux :

> *Ce premier acte est vif, animé, rapide, bien fait;* [...] [le dramaturge] *sait à merveille comment une idée se met à profit, comment on tire d'une situation dramatique tout ce qu'elle peut donner, et enfin, comment de beaux vers bien amenés peuvent au besoin remplir admirablement une scène vide.*
>
> Jules Janin, *Journal des Débats,* 12 novembre 1838.

Les critiques virulentes :

> *Encore des antithèses! Dans* Hernani, *c'était le roi opposé au bandit* [...] *et maintenant voici une reine amoureuse d'un laquais! Désolation de la désolation! La peinture de la cour d'Espagne est une caricature puérile, la séance du*

Conseil, une bouffonnerie digne tout au plus des tréteaux du boulevard, et, au quatrième acte, l'arrivée de don César par la cheminée, le pillage de la garde-robe et du buffet, le dialogue de don César et de la duègne, font songer à Bobèche et Galimafré. Tout cela est d'un cynisme révoltant. M. Hugo s'est enfermé dans un dilemme impitoyable : ou Ruy Blas *est une gageure contre le bon sens, ou c'est un acte de folie.*

Gustave Planche, *La Revue des Deux Mondes*, novembre 1838.

[Ruy Blas] *n'éveille en nous que le dégoût. Ruy Blas, amené par la rêverie à endosser une livrée, n'est qu'un homme sans courage, sans dignité, entièrement dépourvu d'intérêt dramatique.*

Gustave Planche, *op. cit.*

Le poète avait affiché ouvertement la prétention de peindre dans Ruy Blas *l'agonie de la monarchie espagnole* [...]. *Quant à ce qui est de l'histoire proprement dite du règne de Charles II, nous n'en avons pas l'ombre* [...]. *L'Autriche et la France assiègent-elles le lit du roi moribond ? rien de tout cela, rien au monde. D'ambassadeur de France et d'Autriche, pas la plus petite apparence ! de roi d'Espagne, pas davantage.*

Chaudesaigues, *L'Artiste*, novembre 1838.

M. Victor Hugo ne s'arrêtera-t-il pas dans cette canonisation de toutes les impuretés et de toutes les laideurs ? Nous connaissons M. Victor Hugo ; rien ne répugne à sa muse. Après le bandit, la prostituée et le bossu, voici venir le laquais. M. Victor Hugo ne tiendrait-il pas en réserve pour sa prochaine canonisation quelque héros scrofuleux, ou bien un de ces industriels nocturnes qui vont, la lanterne à la main, fouillant les impuretés des villes à l'angle des maisons ?

Chaudesaigues, *op. cit.*

Une mise au point lucide :

Que M. Hugo ne s'y trompe pas, ses pièces trouvent plus d'opposition à son système politique qu'à son système dramatique ; on lui en veut moins de mépriser Aristote que d'insulter les rois ; les luttes qui s'établissent à propos de ses ouvrages au théâtre et dans les journaux sont plus animées par l'esprit de parti que par l'esprit de doctrine, et on lui pardonnera plus aisément d'imiter Shakespeare que Cromwell.

La Quotidienne, 22 novembre 1838.

AUX REPRISES

La critique a pris une certaine distance, quant au problème politique ; c'est la force poétique et dramatique qui convainc :

> *Tous les personnages sont dessinés et peints comme des portraits de Velasquez avec une maestria souveraine, une force de couleur, une liberté de touche, une grandesse d'attitude et un sentiment de l'époque qui font illusion.*
> [...] *jamais le vers dramatique ne fut manié avec une puissance si absolue, avec une aisance si souveraine.*
> *Le poète lui fait tout exprimer, depuis les effusions les plus lyriques de l'amour jusqu'aux plus minutieux détails d'étiquette, de blason et de généalogie ; depuis la plus haute éloquence jusqu'à la plaisanterie la plus hasardeuse, passant du sublime au grotesque sans le moindre effort, mêlant tous les tons dans le plus magnifique langage que le théâtre ait jamais parlé.*
>
> Théophile Gautier, *La Gazette de Paris*, 28 février 1872.

> *Quelle brusque et prodigieuse fanfare dans la langue que ces vers de Victor Hugo ! Ils ont éclairé comme un chant de clairon au milieu des mélopées sourdes et balbutiantes de la vieille école classique. C'était un souffle nouveau, une bouffée de grand air, un resplendissement de soleil.* [...] *Oui, musique, lumière, couleur, parfum, tout est là. Les vers de Victor Hugo sentent bon, ont des voix de cristal, resplendissent dans de l'or et de la pourpre. Jamais la langue humaine n'a eu cette rhétorique vivante et passionnée.*
>
> Émile Zola, *Le Voltaire*, 1872.

> *C'est un chef-d'œuvre en tout sens, et même de facture. Son intrigue, si complexe et si audacieuse, est tissue, tramée, nouée maille à maille, avec une dextérité si rapide qu'elle emporte toutes les objections* [...]. *Dès la première scène, ce drame redoutable vous tient et ne vous lâche plus. Des ravissements de l'amour, vous passez aux effrois de la haine et de la vengeance ; les rayons se mêlent aux éclairs, les sanglots du désespoir sont entrecoupés par le chant de la fantaisie. Ruy Blas émeut, don Salluste consterne, César étincelle, la reine séduit et enchante ; au fond, les ruines d'un empire qui tombe et s'écroule.*
>
> Paul de Saint-Victor, *La Presse*, 1872.

> *Il a suffi d'un demi-siècle pour balayer toutes ces poussières, et* Ruy Blas *est entré glorieusement dans cette région sereine où planent les véritables chefs-d'œuvre. Personne ne s'inquiète plus de marquer les invraisemblances ni les*

absurdités de ce conte de fée étrange sur lequel Victor Hugo s'est plu à jeter la pourpre de sa poésie. [...] Personne ne demande plus à Ruy Blas pourquoi il est sot au troisième acte en présence de don Salluste, pourquoi don Salluste est si imprudent et si naïf au cinquième acte avec Ruy Blas, comment la reine d'Espagne, qui est si étroitement asservie aux règles d'une jalouse étiquette au deuxième acte, peut si aisément courir les champs au cinquième, et tant d'autres questions auxquelles il n'y aurait nulle réponse. On a passé condamnation sur tout cela; on n'y fait plus attention. On prend même en pitié les retardataires qui s'amusent à ces objections inutiles. On est tout entier et sans partage aux beautés qui ont fait, avec l'aide du temps, de l'œuvre du poète, un éternel chef-d'œuvre.

Francisque Sarcey, *Feuilletons dramatiques*, 1879.

LES APPROCHES DE CRITIQUES

Le théâtre de Hugo, et plus généralement toute son œuvre, va souffrir, à la fin du XIXe siècle et au début du XXe d'une approche très défavorable : on le trouve outré, grandiloquent, invraisemblable.

C'est la réaction naturaliste qui sévit :

Au fond Ruy Blas *n'est qu'une monstrueuse aventure qui sent le boudoir et la cuisine. Victor Hugo a beau emporter son drame dans le bleu du lyrisme, la réalité qui se trouve par-dessous est infâme. Malgré le coup d'aile des vers, les faits s'imposent, cette histoire n'est pas seulement folle, elle est ordurière; elle ne pousse pas aux belles actions, puisque les personnages ne commettent que des saletés ou des gredineries; elle ne rafraîchit pas et ne réconforte pas, puisqu'elle commence dans la boue et finit dans le sang. [...] Le romantisme, le lyrisme met tout dans les mots. Ce sont les mots gonflés, hypertrophiés, éclatant sous l'exagération baroque de l'idée.*

Émile Zola, *Lettre à la jeunesse*, 1880[1].

La critique universitaire de la première moitié du siècle ne juge que par rapport à l'esthétique classique :

Le caractère élémentaire de ces héros poussés par un seul mobile les dispense des débats intérieurs par lesquels les

1. Opinion du romancier à comparer avec sa critique de 1872 (*cf.* p. 237).

personnages de Racine et de Corneille se déterminaient à l'action. Aussi bien n'ont-ils rien à débattre, l'intrigue, contrairement à l'esthétique classique, dépend de la seule fantaisie de l'auteur. Le gros public ne s'en plaint pas, car une psychologie trop subtile le distrairait des événements et en contrarierait le cours.

Pierre Richard, édition de *Ruy Blas*, Larousse, 1949.

AUTOUR DES ANNÉES CINQUANTE

Toute une génération, sous l'impulsion décisive du TNP dirigé par Jean Vilar, secondé par le talent de Gérard Philipe, redécouvre la force du théâtre hugolien ; une nouvelle génération d'universitaires lui consacre plusieurs remarquables études.

Ce qui distingue Ruy Blas d'entre tous les personnages de Hugo, c'est que lui, et lui seul, est plus qu'un type, et presque une âme : c'est le personnage si je puis dire le plus multiple qu'ait montré le théâtre hugolien. Ce laquais amoureux de la reine d'Espagne et devenu homme d'État en la servant, c'est le fils de la Révolution, l'homme nouveau du XIX*e siècle, le romantique d'action, et en même temps, c'est le frère de René, c'est le rêveur méconnu et mélancolique, c'est le beau ténébreux. Tous ces êtres superposés font de lui un personnage qui a le complexe trouble de la réalité, semblable à ces portraits composites qu'on forme en superposant des portraits de famille d'où se dégage, à la fois visible et flottant, un type général qui les résume.*

Fernand Gregh, *L'Œuvre de Victor Hugo*,
Flammarion, 1933.

Le pessimisme politique de Hugo, montrant, sans la moindre concession, l'impossibilité de toute solution actuelle et positive au mal social, de toute victoire du peuple, le néant de toute grandeur temporelle qui ne peut se réaliser que dans l'injustice et la tyrannie – ce pessimisme a pour rançon l'exaltation de l'amour et du sacrifice. Au milieu du règne de l'injustice, dans ce profond silence de l'histoire, l'amour est la seule voie, encore imparfaite, du salut, toutes les autres portes étant fermées. Dans cette mesure, maladroitement, confusément, Ruy Blas préfigure Jean Valjean.

Anne Ubersfeld, présentation de « Ruy Blas »,
in *Œuvres complètes de Victor Hugo*,
Le Club Français du Livre, 1967.

Ruy Blas ne comporte que quatre décors : les deux derniers actes se déroulent dans le même espace. Contrairement aux dramaturges classiques, les romantiques accordent beaucoup d'importance aux lieux où se déroule l'action : la longueur des didascalies initiales, à chaque acte, en témoigne. Le dramaturge n'est pas seulement celui qui écrit un dialogue qu'un metteur en scène animera, il écrit déjà en fonction de cette suite d'images qu'est la représentation théâtrale.
On peut, de façon certes schématique, distinguer trois fonctions de l'espace : pittoresque, dramatique et symbolique. Dans le premier cas, il s'agit d'user de certains signes qui permettent au spectateur d'adhérer à une réalité historique et sociale ; dans le deuxième, le dramaturge dispose des éléments, indispensables au fonctionnement de son intrigue ; dans le troisième, les éléments qui composent l'espace fonctionnent sur un plan métaphorique et renvoient à une réalité qui n'est pas directement représentée parce qu'elle ne peut pas l'être, ou dont la représentation est incompatible avec la fonction pittoresque.

LA FONCTION PITTORESQUE DE L'ESPACE

Il s'agit, pour Victor Hugo, de donner à son spectateur deux sortes d'informations. Spatiale : le lieu se détermine doublement, d'une part l'Espagne, et plus particulièrement Madrid, d'autre part la cour. Temporelle : l'action se déroule en 1698. Si, pour le lecteur, ces informations peuvent faire l'objet de quelques lignes sans équivoque possible, pour le spectateur au contraire il s'agit de trouver les images qui comporteront le moins de sources d'erreur possible.
Pour chacun des quatre décors, Hugo donne un certain nombre d'indications, souvent précises, mais qui ne sont pas très contraignantes : elles suggèrent plus qu'elles n'imposent.

• Ainsi, pour le **premier acte**, nous trouvons la mention : *« Ameublement magnifique dans le goût demi-flamand du temps de Philippe IV. »* Le dramaturge note un ensemble d'éléments mobiliers ; le qualificatif *« magnifique »* renvoie à l'impression que le spectateur doit ressentir, sans préciser la nature exacte de cette « magnificence ». En revanche, l'indication donnée pour le style de ce mobilier manifeste très clairement l'intention pittoresque : elle signale à la fois que nous sommes en Espagne (les Flandres ont été fort longtemps territoire espagnol) et à une époque qui suit le règne de Philippe IV (père du roi Charles II). L'insistance sur le doré, dans *« une grande fenêtre à châssis doré »* et *« une grande cloison vitrée à châssis doré »*, relève de la même fonction.

La seule couleur retenue signale donc le luxe : la pièce sur laquelle le rideau s'est levé est une demeure très riche. Le spectateur devra attendre le vers 47 pour l'identifier parfaitement : *« Comme je ne dois plus coucher dans le palais. »*

• *Dans le* **deuxième espace**, celui du **deuxième acte**, l'effet de richesse est maintenu à travers des notations comme *« de grandes fenêtres ouvertes »* et *« une lampe d'or »*. Mais pas de description précise du mobilier : *« Grande table. Fauteuils. »* L'identification du lieu se fait par le biais de l'activité des personnages : la reine brode, la duchesse d'Albuquerque a une tapisserie à la main et Hugo note que les autres *« travaill*[e]*nt à des ouvrages de femme »*. Cette indication est à la fois suffisante et précieuse : elle souligne la fonction du signe *« ouvrage de femme »* que tout spectateur de 1838 comprendra naturellement. Il fait appel à un code social encore en vigueur à l'époque de Hugo. Ce décor comprend également une marque qui lui est spécifique, son aspect religieux : un coin de la pièce est une sorte d'oratoire avec une statue de madone et une figure de sainte. Ces éléments confirment à la fois la référence espagnole (on sait que l'Espagne est un pays très catholique, et au sens religieux très extraverti) et la référence féminine (il semble que la féminité soit plus portée aux dévotions ; de plus, la présence religieuse se fait par le biais de deux saintes).

• La description du **troisième lieu** contient à son tour des indications de richesse : *« une tapisserie de haute lice »*, *« un grand fauteuil recouvert de drap d'or surmonté d'un dais en drap d'or, aux armes d'Espagne, timbrées de la couronne royale »*. Ici aussi, peu de description exhaustive du mobilier ; mais le choix de Hugo permet d'identifier le lieu : la disposition des tabourets autour de la table, la présence du riche fauteuil qui semble présider à l'univers des autres sièges, impose une vision hiérarchique qui renvoie à une présence implicite du roi (*cf.* les armes et la couronne sur le fauteuil) et des grands• du royaume, tous égaux entre eux. Cependant, la présence d'une chaise à côté du fauteuil laisse deviner la distinction accordée à l'un d'eux, le ministre favori. Cet arrangement véhicule des informations sur le lieu et sa fonction, mais nous touchons aux frontières entre le pittoresque et le symbolique, puisque tout un système de gouvernement peut se lire dans cette disposition.

• **Le dernier lieu** maintient certains codes et en modifient d'autres. L'espace s'est rétréci : il s'agit d'une *« petite chambre »*. Nous passons donc d'espaces publics (paradoxalement, les appartements de la reine du second acte le sont) à un espace privé : la nature de ce qui s'y donne à voir en est modifiée d'autant. Nous n'avons cependant pas changé de milieu social, puisque le mobilier reste luxueux : au *« magnifique »* du premier lieu correspond le *« somptueuse »* de celui-ci. Les indications de dorure sont maintenues : *« avec de larges galons d'or »*, *« à pieds dorés »*. En revanche, un infléchissement est donné en direction de l'usure, de la vieillesse ; Hugo multiplie les détails en ce sens : le velours est *« écrasé et miroitant »*, les portraits sont *« vieux »*, *« enfumés et à demi effacés »* ; la grande cheminée est du temps de Philippe II (plus d'un siècle en amont), alors que l'ameublement du premier lieu était d'époque Philippe IV. Au luxe d'apparat des trois premiers espaces succède une atmosphère fanée. Le sens de cette mutation nous renvoie au domaine du symbolique et nous aurons à y revenir.

Ajoutons pour terminer que, avec plus ou moins d'importance, Hugo se montre toujours soucieux de donner à imaginer ce qui se trouve au-delà de l'espace visible par le spectateur. Le lieu représenté reste en relation avec ceux qui l'entourent, garantissant ainsi le bon fonctionnement de l'illusion théâtrale. Dans le premier acte : *« une porte basse donnant dans quelque appartement intérieur »* ; dans le deuxième : *« une petite porte donnant dans* [la] *chambre* [de la reine] *»* ; dans le quatrième : *« une petite porte basse donnant dans un cabinet obscur »*. Ce soin apporté à l'espace invisible révèle la précision de l'écriture du dramaturge : un personnage ne peut entrer impunément d'un côté ou d'un autre, tout déplacement a un sens.

LA FONCTION DRAMATIQUE DE L'ESPACE

Dans le choix des objets ou des meubles qui ont un rôle à jouer dans la conduite de l'intrigue, on peut d'emblée observer la fréquence de ce qui doit permettre d'écrire ; et il est vrai que l'on écrit beaucoup dans ce drame. Dans le **premier lieu** : *« et ce qu'il faut pour écrire » ;* en effet, Salluste demandera à Ruy Blas d'écrire sous sa dictée (scène 4). Dans le **quatrième lieu** (acte IV) : *« avec ce qu'il faut pour écrire »* ; Ruy Blas, encore lui, écrira (scène 1), puis don César fera écrire l'un des Noirs muets à la scène 4. On peut également noter la présence de portes et de fenêtres qui permettent la circulation des personnages ou le regard supposé jeté sur l'extérieur : inutile de faire un relevé exhaustif de ces éléments, ils ne présentent pas tous le même intérêt. Analysons seulement les plus signifiants.

• Dans la didascalie du **premier acte**, Hugo note : *« Au fond une grande cloison vitrée* [...] *s'ouvrant* [...] *sur une longue galerie. Cette galerie, qui traverse tout le théâtre, est masquée par d'immenses rideaux qui tombent du haut en bas de la cloison vitrée. »* Autrement dit, le spectateur n'en soupçonne pas l'existence au début de la pièce. L'exemple est fort intéressant, puisque le dramaturge prépare ainsi un effet dont l'espace sera l'une des composantes essentielles.

Cet effet se produit entre la scène 4 et la scène 5, c'est-à-dire en fin d'acte. Hugo procède à une véritable modification de l'espace « à vue » : la porte du fond s'ouvre, puis les grands rideaux de la galerie. L'espace s'agrandit donc, et il appartient alors au metteur en scène d'amplifier l'intention du dramaturge, intention très lisible. Jusqu'alors, l'action s'est resserrée autour de trois personnages, et chacun de leurs dialogues roulent sur des sujets intimes ou secrets ; après cette atmosphère confinée et assourdie, c'est tout à coup l'éclat et le faste. À l'initiale de la scène 5, Hugo note la présence de plusieurs grands• et ajoute : *« puis toute la cour »*. Un effet de foule est clairement recherché ; enfin le cortège de la reine paraît pour clore l'acte. Elle est – précise la didascalie – *« vêtue magnifiquement »*, et s'avance *« sous un dais de velours écarlate »*. Le spectateur doit être surpris, ébloui comme l'est à ce moment Ruy Blas.

Hugo donne à cette fin d'acte une valeur de point d'orgue qui se fonde sur la notion de spectacle. Souvenons-nous que cette galerie qui occupe le fond était masquée par de grands rideaux qui redoublent ainsi l'effet du rideau de scène. L'effet spectaculaire est double : il s'agit tout d'abord de donner à voir – c'est l'un des principes mêmes de la dramaturgie romantique – une scène haute en couleurs et en mouvements, une scène historique en quelque sorte. Mais il s'agit également de représenter une société qui se donne en spectacle à elle-même. Le passage de la reine et le salut de la cour appartiennent à un rituel, parmi tous ceux de l'étiquette, particulièrement strict et codifié de la cour d'Espagne : toute une société se mire dans sa gloire et se donne à elle-même le spectacle de sa grandeur. La réussite indéniable de cette scène réside en ce qu'elle donne à voir une réalité politique de façon éminemment théâtrale et qu'elle achève l'acte sur un temps fort, d'une efficacité toute travaillée.

• Au **troisième acte** également, nous pouvons observer une utilisation dramatique forte d'un élément appartenant à la configuration du lieu. La didascalie initiale mentionnait : *« Dans l'angle opposé, une fenêtre »*. Il faudra attendre la scène 5, une fois encore dernière scène de l'acte, pour que cette fenêtre prenne tout son sens et sa valeur dramatique.

Ici, Hugo travaille conjointement à partir de la fenêtre et du fauteuil, deux éléments appartenant à l'espace, qui vont dépasser leur statut simplement utilitaire pour accéder au statut dramatique. Salluste, en livrée de laquais, prend place dans ce fauteuil et demande à Ruy Blas, habillé en grand• d'Espagne et resté

debout, de fermer ladite croisée. La scène est bien entendu à interpréter en contrepoint de celle qui ouvrait la pièce. La toute première réplique de la pièce, émanant de Salluste, était : *« Ruy Blas, fermez la porte, – ouvrez cette fenêtre. »* L'ordre est cette fois inversé : *« Faites-moi le plaisir de fermer la croisée. »* (v. 1345.) Une fois de plus, le génie de l'homme de théâtre consiste à véhiculer le sens, non par la parole, mais par le jeu de scène. Il s'agit ici pour Salluste de ramener Ruy Blas à sa condition de laquais et de souligner que, contre toute apparence, il en est toujours le maître. Plutôt que d'exprimer verbalement cette réalité, Hugo fait choix du double jeu de scène : différence de position et ordre donné qui implique un jeu de scène. Il est évident, pour le spectateur, que Salluste n'a pas froid ; il reprend simplement ses droits sur son valet. Le raffinement de la situation est tel que l'ordre donné par Salluste n'est pas formulé en termes brutaux (ils l'étaient au premier acte, mais cela paraissait normal), mais au contraire en termes d'une extrême courtoisie. Salluste ne répond pas, à proprement parler, aux arguments politiques de Ruy Blas, il se contente d'en montrer la vanité : un homme du peuple ne peut avoir de prétention à gouverner.
La didascalie que Hugo consacre au jeu de scène de Ruy Blas qui obéit *« pâle de honte et de désespoir »* en dit long sur l'efficacité de cette trouvaille scénique.

• Le dernier espace, celui des **quatrième et cinquième actes**, présente également une organisation à visée dramatique incontestable. La didascalie initiale donne les précisions suivantes : *« Une seule fenêtre à gauche, placée très haut et garnie de barreaux et d'un auvent inférieur comme les croisées des prisons. »* La comparaison qui achève cette description n'est pas une simple précision destinée à mieux visualiser une réalité ; elle indique un sens dramatique que doit avoir ce décor : c'est une prison. Bien sûr, l'ameublement en lui-même n'est pas en accord avec cette image, mais le fonctionnement du lieu est proche de celui d'une souricière. Il est relativement aisé d'y entrer, il est plus difficile d'en sortir. Cela se vérifie pour don César et don Guritan : le premier en sort pour rejoindre la prison, le second pour mourir (acte IV, scènes 5 et 8). Ce lieu ultime leur est également fatal.
Mais cette valeur dramatique est encore plus sensible, plus ostentatoire, au niveau du cinquième acte et de la relation triangulaire qui unit Ruy Blas, don Salluste et la reine. Tout le projet de don Salluste est d'attirer la reine en ce lieu pour la déshonorer, Ruy Blas servant d'appât ; tout le projet de Ruy Blas est d'éloigner la reine de ce lieu dont il a compris le danger qu'il représentait pour elle. L'espace est, à lui seul, élément du dénouement.

Lorsqu'enfin les trois personnages sont réunis, à la scène 3, tout se dit en termes d'espace. Ruy Blas demande à la reine de fuir (v. 2104), mais Salluste le lui interdit ; celui-ci propose la fuite de Ruy Blas et de la reine contre la signature du parchemin qui reconnaît l'infamie. C'est Ruy Blas qui prend l'initiative en verrouillant le lieu : l'espace visible est devenu un huis-clos duquel aucun des trois personnages ne peut s'échapper. C'est alors à Salluste de chercher la fuite, alors que c'est lui qui a fabriqué le piège qui s'est refermé sur eux. L'assassinat de Salluste et le suicide de Ruy Blas permettront à la reine de survivre et de s'enfuir. Même si le dénouement ne dit rien de ce *« destin »* futur de la reine, il est évident pour le spectateur qu'elle est sauvée. Celle qui était attirée dans le piège est, par l'ironie tragique finale, la seule à s'en échappe, alors que le piège a eu raison de ceux qui en assuraient le fonctionnement.

LA FONCTION SYMBOLIQUE DE L'ESPACE

• C'est la fonction la moins directement sensible ; l'espace scénique est, pour un dramaturge romantique[1], avant tout un gage de l'authenticité de la représentation, d'où l'importance de la fonction pittoresque. Cependant, il serait naïf de considérer que les intentions qui président au choix de l'espace ne sont que purement fonctionnelles. Elles visent aussi à mettre en image une pensée, et c'est souvent le travail du metteur en scène, *via* celui du décorateur, qui aura la charge d'en dégager la portée.

Dans la préface de *Ruy Blas*, Hugo s'explique sur ses intentions et aborde le sens de son drame *« au point de vue de la philosophie de l'histoire »* ; il achève son analyse par la fameuse formule : *« Dans* Hernani, *le soleil de la maison d'Autriche se lève ; dans* Ruy Blas, *il se couche. »* Le dramaturge note que ce n'est là qu'une façon de percevoir le sens de son œuvre ; il n'en reste pas moins que c'est celle dont il fait choix.

Le sens de *Ruy Blas* est donc essentiellement politique ; c'est une méditation sur la légitimité du pouvoir, sur les chances de réussite qu'un homme du peuple a de l'exercer. D'un côté, un roi de droit divin incapable de gérer les affaires de l'État ; de l'autre,

1. Ce n'est plus le cas pour les dramaturges contemporains qui « déréalisent » leur espace scénique et le travaillent de façon délibérément métaphorique (*cf.* l'espace de *Le Roi se meurt*, de Ionesco).

un « usurpateur » de génie qui, pendant un temps au moins, y parvient. C'est donc cela que l'espace hugolien doit suggérer, sur le plan symbolique, dans *Ruy Blas*.

• On a pu reprocher à Hugo de ne pas faire paraître sur scène le roi Charles II (*cf.* la critique de Chaudesaigues, p. 236) ; c'est un reproche bien mal fondé. La meilleure façon de rendre sensible l'absence de pouvoir royal, c'est encore d'utiliser le vide spatial comme métaphore de cette absence. Cela ne signifie pas, pour autant, que la présence du roi ne soit perceptible par des moyens qui la marquent en creux : ainsi, dans le troisième décor, celui de la salle du Conseil, le riche fauteuil qui occupe la place centrale renvoie clairement à cette « présence-absence » du roi. Jamais Ruy Blas ne s'y assiéra ; bien au contraire, Hugo note en didascalie : *« Ruy Blas s'assied à la table sur une chaise à dossier placée à la droite du fauteuil royal. »* (v. 1165.) La précision est lourde de sens. En revanche, don Salluste *« s'assied dans un fauteuil »* (v. 1323). Est-ce celui du roi ? L'indication est flottante et le geste perd une partie de sa force potentielle.
Dans le décor du deuxième acte, une place est également réservée au roi : *« Près de la madone, un portrait en pied du roi Charles II. »* Ce détail, à peine sensible à la lecture, peut prendre une valeur déterminante à la représentation. Les intentions de Victor Hugo en cette didascalie sont assez sensibles : le portrait *« en pied »* équivaut à l'image grandeur nature et complète de la personne royale. Sa proximité avec la madone n'est peut-être pas dépourvue d'ironie : le roi est objet de culte, personne lointaine et négligeant dangereusement la compagnie de son épouse. Ainsi, toute la scène d'aveu voilé entre la reine et Ruy Blas se déroulera sous l'œil de l'époux réduit au silence par le biais de la matière inanimée qui le représente.

• Sur un plan plus général, il faut remarquer que l'ensemble des lieux choisis par Hugo ont un dénominateur commun : ce sont tous des lieux aristocratiques. Qu'il s'agisse d'espaces liés au palais royal (les trois premiers) ou à la demeure de Salluste (le quatrième), le type de mobilier et de décoration sont les mêmes : c'est un seul univers qui nous est présenté sous plusieurs aspects complémentaires. Les lieux populaires ne sont pas totalement ignorés de la pièce, mais ils sont comme tenus à distance et ne sont présents que par le discours : notamment celui de Ruy Blas (v. 280-320) et celui de César (v. 1732-1760), mais aussi à bien d'autres reprises.
Victor Hugo ne refuse pas la peinture du peuple – il a, en maintes occasions, montré qu'il était fort à l'aise dans ce type de

peinture[1] – mais, dans *Ruy Blas*, il cherche essentiellement d'autres effets. Dans cet espace exclusivement aristocratique, deux êtres seront tout à fait étrangers, Ruy Blas et don César, et cette étrangeté donnera d'autant plus de relief à leur présence. César est noble certes, mais il est celui qui a fait choix d'être du peuple : chacune de ses intrusions sur scène provoque une violente réaction de rejet de cet espace. Pour Ruy Blas, c'est l'analyse inverse qui doit être faite : il est naturellement étranger à cet espace, et s'y trouve projeté, maintenu artificiellement aux fins que l'on sait.

• L'ensemble des espaces qui constituent les lieux de l'action sont donc choisis comme révélateurs d'une forme de société et de pouvoir. L'espace de la salle du Conseil (acte III) est, à ce titre, tout à fait exemplaire : la disposition des tabourets, du fauteuil royal et de la chaise *« à sa droite »* est emblématique d'un type d'exercice du pouvoir. On pourrait commenter la disposition ainsi : l'équilibre des forces en présence, le roi d'un côté, le Conseil des grands• de l'autre, est idéal tant que chaque parti remplit son rôle ; le ministre favori est alors un médiateur chargé de l'exécution de la volonté issue de ces deux partis. Or, le roi s'est absenté de ses fonctions (*cf.* l'analyse faite plus haut) et le dramaturge donne à voir les conséquences de cette « démission » : la scène 1 de l'acte III en est la plus juste illustration. Les ministres se disputent des privilèges, oubliant le soin de l'État ; cette peinture d'un pouvoir qui se délite en querelles personnelles est à compléter par l'autoportrait que Salluste fait de lui-même, à la scène 1 de l'acte I.
Paradoxalement, l'autre face de cette société en totale dégénérescence, c'est le rigorisme d'une étiquette aussi stricte qu'inutile : la fin de l'acte I et tout l'acte II illustrent la rigidité de ce corset de la règle dont la reine est la première victime. Victor Hugo met en scène, au sens le plus visuel du terme, ce double postulat, d'une société en plein déclin : d'une part, une morale apparente qui gouverne de façon tyrannique les faits et gestes de chacun ; d'autre part, les mille lâchetés de ceux qui dilapident le bien de l'État, pour mieux se le partager. C'est ainsi que, sur le plan symbolique, on peut justifier le choix spatial du dramaturge. Si Victor Hugo, ce faisant, ne s'intéressait qu'à l'Espagne du XVIIe siècle, son espace ne serait que pittoresque, mais il est clair qu'au-delà de l'Espagne il songe à toute forme de pouvoir royal en crise (le souvenir de la Révolution française n'est pas si

1. La première scène de *Cromwell* se situe à « la taverne des Trois Grues ».

loin, donc le règne de Louis XVI, puis de ses frères et de Louis-Philippe) : il faut par conséquent montrer l'Espagne et suggérer bien au-delà, montrer une époque précise et en désigner une autre beaucoup plus proche dans le temps.

Le dernier décor, celui de l'acte IV et de l'acte V, lui aussi, peut se prêter à une lecture symbolique. Nous avons noté combien, sur un plan pittoresque, Hugo indiquait avec soin les marques d'usure : or, nous sommes bien chez Salluste, le représentant d'une aristocratie aussi vieille que condamnée par sa propre vilenie. La petite chambre est dite *« somptueuse »*, on s'en souvient, mais tout est *« enfumé »*, *« écrasé »* et les portraits, ceux probablement des ancêtres de Salluste, sont *« à demi effacés »*, effacement éloquent pour cette lecture symbolique de l'espace.

Le fonctionnement dramatique de ce dernier espace que nous avons qualifié de « souricière » se prête aussi très aisément à une lecture symbolique. En effet, qui se fait prendre au piège de cet espace ? Salluste et Ruy Blas. Si l'on admet, selon l'explication même de Hugo, que le premier est le représentant d'une ancienne aristocratie pervertie[1] et que le second est le représentant d'une force populaire[2], on est en droit d'interpréter le dénouement comme un double échec : le dernier espace, véritable *ananké* (en grec, « nécessité » ou « force du destin ») de l'histoire, disqualifie et broie les forces du passé comme celles de l'avenir. Le scepticisme politique de Hugo au moment de la conception de *Ruy Blas* est totalement illustré, mis en espace dans ce choix de lieux exclusivement aristocratiques.

CONCLUSION

La dramaturgie classique réclamait un lieu unique pour des raisons de vraisemblance attachées aux conditions de représentation : cette règle condamnait à choisir des lieux d'une neutralité commode à toutes situations ; l'espace, presque transparent, n'avait que peu d'importance. Avec la dramaturgie romantique, et celle de Hugo en particulier, l'espace a un rôle à jouer. Il montre et signifie. En faire l'étude permet de mieux comprendre les motivations du dramaturge.

1. *« On est courtisan, on est ministre, on se dépêche d'être heureux et puissant. On a de l'esprit, on se déprave, et l'on réussit. »* Préface de *Ruy Blas*.
2. *« On voit remuer dans l'ombre quelque chose de grand, de sombre et d'inconnu. C'est le peuple. » Ibidem.*

Dans la préface que Victor Hugo consacre à son drame, il s'explique assez clairement sur ses intentions. Après avoir montré comment don Salluste et don César étaient les deux visages de la noblesse castillane, il examine la situation du peuple face à cette noblesse et conclut son analyse en ces termes : *« Le peuple, ce serait Ruy Blas. »* Il nous est donc possible de considérer le héros de la pièce comme un parfait représentant du peuple ou plutôt de l'image que s'en fait Hugo. Cependant, il serait abusif de réduire le personnage à une allégorie[1] : tout en lui ne « s'explique » pas en tant qu'homme du peuple et il faudra distinguer, autant que cela est possible, ce qui appartient en propre au personnage.

SITUATION DU PEUPLE

Dans le discours de Ruy Blas

Dans la grande tirade de l'acte III, scène 2, Ruy Blas devenu ministre et favori, dresse un bilan de ce qu'est le peuple d'Espagne (v. 1092 *sqq.*). L'image est forte, il est la victime de l'aristocratie : par le biais d'expressions métaphoriques telles que *« portant sa charge énorme »* et *« a sué quatre cent trente millions d'or »*, le discours rend compte de la servitude populaire. C'est lui qui permet aux grands* de vivre, c'est lui qui assure le superflu. Vigoureusement, Ruy Blas oppose, au labeur énorme du peuple, le plaisir et la débauche des nobles.
Bien entendu, il ne s'agit pas ici d'une simple analyse historique ; certes, il est plus que probable que le peuple espagnol était bien dans cette situation à la fin du XVIIe siècle, mais ce qui se fait jour ici, c'est une condition du peuple qui dépasse le cadre historique et national, supposé par l'intrigue théâtrale.
Il ne s'agit pas non plus de dresser un tableau idéalisé de ce peuple : Ruy Blas poursuit son analyse en montrant les ravages de la guerre civile, du banditisme, du pillage (v. 1098-1125) : autant de forfaits dont le peuple se rend criminel, mais dont les grands sont responsables. Pour Ruy Blas comme pour Hugo, la grandeur d'une nation prend sa source dans la grandeur de son peuple : affaiblir le peuple, ou le corrompre, c'est détruire l'État (*cf.* v. 1135-1138).

---

1. Le seul nom de « Ruy Blas » est déjà une antinomie : Hugo associe un nom populaire, « Blas », à un prénom noble, « Ruy », diminutif de Rodrigo.

Dans la tirade de Ruy Blas (v. 282-320)

•

Le portrait du peuple est ici plus ambigu : Ruy Blas parle de lui, et c'est en tant que représentant du peuple que l'on peut dégager de sa tirade quelques éléments de cette thématique. Une expression résume assez bien l'idée centrale de ce passage : *« cet heureux temps de joie et de misère »* (v. 282). L'opposition antithétique des termes *« joie »* et *« misère »* donne la mesure de ce qu'est la condition du peuple. *« Misère »* renvoie à la difficulté de vivre, aux conditions matérielles nécessairement difficiles pour se nourrir, se loger, etc. Mais *« joie »* fait entrer dans une perspective de liberté : c'est la joie que l'on éprouve à pouvoir disposer de soi selon son seul vouloir. C'est l'absence de possession matérielle qui crée les conditions idéales d'une liberté absolue : la thématique n'est certes pas nouvelle, on la trouve chez La Fontaine, entre autres exemples (*cf. Le Savetier et le Financier*). C'est une sorte de tableau idyllique que Ruy Blas présente ici, et qui semble contredire celui qu'il dressera devant les ministres ; cette contradiction n'est qu'apparente. Le registre idéal que l'on perçoit dans la tirade de l'acte I, plus particulièrement dans les expressions : *« nous chantions dès l'aube où l'heure naît »*, ou encore : *« Sous le ciel étoilé nous dormions côte à côte »*, s'explique assez aisément. D'une part, c'est l'adolescence qui est évoquée, temps d'une insouciance bien naturelle, et, d'autre part, c'est aussi un hymne à l'amitié : ce paradis n'est donc que temporaire et c'est bien ce qu'annonce la suite de la tirade.
En effet, aux vers 311 et suivants, le ton est bien différent :

> *Si bien qu'un jour, mourant de faim sur le pavé,*
> *J'ai ramassé du pain, frère, où j'en ai trouvé :*

Ruy Blas évoque ici son avilissement, c'est-à-dire comment il est devenu laquais. Ce passage de la liberté naturelle au pauvre à l'esclavage de celui qui se met au service du grand• n'est pas à prendre sur le plan du simple récit individuel. Certes, lorsque Ruy Blas fait ce récit, il s'agit, sur le plan de l'intrigue, de raconter à Zafari, mais aussi au public, comment il en est arrivé à cette situation. À la lumière de ce qui se dira plus tard, nous pouvons comprendre que son histoire est le reflet, pour Hugo, de celle du peuple. C'est lorsque l'économie d'un pays est désastreuse, ruinée par les guerres et les pillages, que la famine décime les populations les plus modestes et les dispose à toutes les compromissions, à toutes les bassesses. En somme, nous comprendrons, rétrospectivement, que ce que le ministre Ruy Blas analyse si justement, dans sa tirade de l'acte III, est à l'image de sa propre histoire.

LE GÉNIE DU PEUPLE

L'hymne à la liberté : don César

•

Il peut paraître paradoxal d'évoquer don César de Bazan pour cerner le portrait du peuple à travers *Ruy Blas;* ce paradoxe n'est qu'apparent. Non seulement, don César a une identité double qui le rattache au peuple : il est aussi Zafari, et c'est sous ce seul nom que le connaît le héros, mais il a fait un choix de vie qui est celui du peuple.
Lorsque Ruy Blas le retrouve, il le présente comme un homme «*Qui n'a rien eu jamais et n'a rien souhaité!*» (v. 296), ce en quoi il se trompe, au moins dans le premier hémistiche du vers. Ce qui importe, c'est précisément son indépendance par rapport à l'avoir; c'est de là qu'il tire cette suprême indépendance. Lorsque Salluste, dans la scène 2 de l'acte I, retrace le passé de son cousin, c'est au contraire le personnage du voleur qui domine; certes, l'énumération des vols de Zafari ne parvient pas à rendre le personnage antipathique, mais il n'en reste pas moins que lui aussi participe de cette logique de pourriture des mœurs populaires, que Ruy Blas stigmatisera à l'acte III. Plus grave même, il ne fait rien pour remédier au naufrage de son pays, il le constate et, s'il n'y participe pas en tant que noble, il y participe en tant que personnage populaire.
Toutefois, Zafari reste un personnage positif d'homme du peuple qui, entre autres vertus, illustre la générosité de celui-ci. On se rappellera qu'à l'acte I, il partage la somme donnée par Salluste en deux parts égales pour en offrir une à Ruy Blas, son «*frère*» retrouvé, et qu'à l'acte IV, il prie le laquais de donner, de sa part, quelques ducats à divers amis de sa connaissance. Enfin, il va jusqu'à lui recommander l'indulgence envers les voleurs qui seraient tentés de se servir dans sa poche. Hugo dote ce personnage, haut en couleurs, d'un féroce appétit de vivre qui achève de convertir ses défauts en traits positifs. Il n'est certes pas un idéal et il y a même quelque chose de sombre et de suicidaire en lui, mais son amour de la vie et des autres, à condition qu'ils soient du peuple, en fait un chantre des vertus populaires.

Force et danger de l'éducation : Ruy Blas

•

Le génie politique de Ruy Blas pourrait surprendre; Hugo prend soin de préparer cette possible objection. Ruy Blas est un fils du peuple qui a reçu une éducation.

Dans l'autoportrait qu'il fait de lui à la scène 3 de l'acte I, il précise :

> *Orphelin, par pitié nourri dans un collège*
> *De science et d'orgueil, de moi, triste faveur!*
> *Au lieu d'un ouvrier on a fait un rêveur.*
>
> (v. 298-300.)

Il a donc, par hasard, reçu une éducation que sa position sociale ne justifie pas : il aurait dû être ouvrier, c'est-à-dire exercer de ses mains, et l'on a fait de lui un *« rêveur »*, c'est-à-dire, selon Hugo, un homme capable d'exercer sa pensée. Le hasard a révélé, fécondé, par le biais de l'éducation, l'intelligence qui était en lui, innée.

La « traduction » immédiate de l'exercice de cette pensée chez Ruy Blas, c'est une pratique artistique ; il parle de ses *« strophes insensées »* (v. 302). Nous sommes ici dans une logique propre à Victor Hugo, entre autres auteurs, qui pense que le génie cherche à s'exprimer en celui qui le possède et peut emprunter les formes les plus diverses : le génie poétique et le génie politique ne sont ainsi pas incompatibles du tout. De sorte qu'avant que Salluste l'ait mis en situation d'exercer le pouvoir, Ruy Blas était déjà habité de pensées en rapport avec lui (*cf.* v. 315-318).

Ce destin exceptionnel de Ruy Blas est-il encore à mettre en relation avec une pensée hugolienne sur le peuple? oui, certainement! Il est l'exemple même des forces intellectuelles que le peuple possède et qui ne sont jamais révélées, faute d'éducation pour les éveiller. Gardons en mémoire que la scolarité n'est en rien obligatoire à l'époque de Victor Hugo et que seuls les nobles ou bourgeois fortunés font des études. Le génie populaire se trouve alors étouffé à sa source même et il faut un concours de circonstances tout à fait exceptionnelles, comme celles de la pièce, pour qu'il puisse se révéler[1].

On est alors en mesure de suivre la pensée du dramaturge sur ce plan : l'éducation du peuple serait souhaitable, à condition qu'il ait accès à toutes les charges de l'État. Dans le cas inverse, cette éducation ne ferait que des êtres condamnés à l'impuissance stérile, comme l'est Ruy Blas au début de la pièce.

---

1. On songe irrésistiblement, bien qu'il ne fût pas issu du peuple, à Napoléon Bonaparte et aux circonstances exceptionnelles qui lui permirent d'affirmer son génie politique ; Hugo y songe aussi, fort probablement.

Le génie politique : le ministre Ruy Blas

•

Il n'est pas excessif de parler ici de génie politique. Ubilla, grand* d'Espagne qui assiste à la scène 2 de l'acte III, dira : « [...] *nous avons un maître. / Cet homme sera grand* » (v. 1166), puis il comparera Ruy Blas à Richelieu.

Certes, Hugo ne nous montre pas Ruy Blas en train de gouverner au sens propre du terme, nous ne le voyons pas prendre de décisions qui remédieraient aux malheurs de l'Espagne, ce serait bien incompatible avec le respect du contexte historique auquel le dramaturge veut toutefois rester attaché. Mais en revanche, c'est son sens de l'État, de l'histoire nationale qui éclate avec brio dans le grand discours qu'il adresse aux grands. Il brosse un tableau des pertes de la puissance espagnole : « [...] *Nous avons, depuis Philippe Quatre, / perdu* [...] » (v. 1069), analyse la situation de l'Espagne face à ses rivaux européens, dénombre les pertes en vaisseaux avec une maîtrise parfaite. Or, nous le savons, Ruy Blas est à la tête du gouvernement depuis six mois seulement. Il faut donc qu'il ait songé à tout cela bien avant, et surtout que son génie personnel lui permette cette hauteur de vue. L'apostrophe à Charles Quint, qui achève cette tirade, manifestera également à quel point cet « apprenti ministre » est doué d'une véritable intelligence d'homme d'État : il n'appartient qu'aux très grands d'avoir à la fois le regard politique, qui perçoit la réalité du moment, et le regard historique, qui pense la situation en termes de destin national. Il faudrait ajouter, à ces talents d'analyse, un incontestable talent d'orateur qui sait donner au discours politique le souffle épique qui lui est nécessaire pour n'être pas que platement didactique : mais en ce domaine également, le dramaturge nous avait prévenu, Ruy Blas fréquentait les muses dès l'adolescence.

On notera avec intérêt que Ruy Blas s'en prend avec violence et dureté aux grands, les rendant responsables de la décadence de la puissance espagnole, mais reste terriblement discret sur les responsabilités qui incombent au roi lui-même. C'est seulement aux vers 1127 et suivants que la personne royale traverse le discours du ministre : « [...] *votre seigneur, plein de deuil et d'effroi, /* [...] *Courbe son front pensif sur qui l'empire croule !* » Le roi est ici davantage présenté comme une victime subissant les maux dont il ne semble pas responsable que comme un agent bien réel de cette décadence. On est tenté évidemment de s'interroger sur cette discrétion : sur le plan dramatique, Ruy Blas peut épargner le roi par respect, refusant d'attaquer ce qui est l'œuvre de Dieu, mais quelles sont les raisons du dramaturge ? Hugo sait très bien que le roi Charles II a une part de responsabilité bien lourde dans le naufrage[1]. On peut supposer qu'il a refusé d'instruire le procès d'un roi en un temps où le pouvoir royal de Louis-Philippe cherchait à s'attacher les bonnes grâces du poète. Mais cette discrétion est bien plutôt le reflet des incertitudes politiques de Victor Hugo lui-même : il a profondément conscience que le salut peut venir du peuple, sans pour autant rêver encore d'une république.

Pas de critique ouverte du pouvoir royal, cependant Hugo prête cette réplique à la reine : « [...] *tu me sembles bien le vrai roi, le vrai maître.* » (v. 1245). On peut considérer que cette formule est une parole d'amour et elle l'est sans aucun doute ; mais elle n'est pas pour autant dépourvue de portée et de sens politiques. Quelques vers auparavant, la reine faisait le portrait de la passivité du roi face à ses ministres (v. 1194 *sqq.*) et, si Ruy Blas ne faisait aucun commentaire, il n'en reste pas moins que les propos de la reine étaient critiques. Il faut donc comprendre que le pouvoir doit être à celui qui est capable de l'exercer, non à celui qui en hérite.

L'ÉCHEC DU PEUPLE

L'échec de Ruy Blas face à Salluste

•

À Ubilla qui prévoit que Ruy Blas sera grand, Arias rétorque : « *Oui, s'il a le temps d'être.* » (v. 1166) C'est là une des raisons de l'échec de Ruy Blas : le manque de temps qui, sur un plan dramatique, se traduit par le retour de Salluste.

À la scène 5 de l'acte III, Ruy Blas tente de reformuler, face à Salluste, les éléments de l'analyse de la situation politique qu'il faisait devant les grands• ; sa perception des dangers est tout aussi pertinente et opportune. Cependant, les formules qui les introduisent ont rigoureusement changé : face au tonitruant « *Bon appétit, messieurs ! –* » (v. 1058), on trouvera ici : « *Pourtant, monsieur, permettez-moi.* » (v. 1335) ou « *Daignez voir* [...] *Excellence, écoutez.* » (v. 1346.) Ces formules sont déjà celles d'un vaincu : Ruy Blas retrouve spontanément son langage de laquais et ce langage contraste étrangement avec la teneur de son argumentation. On observera même que, de façon particulièrement pathétique, Ruy Blas tente de communiquer son enthousiasme et son zèle à son maître par des formules à la première personne du pluriel : « *Osons être grands et frappons !* » (v. 1355) ; tentative vaine, bien entendu !

---

1. Dans la préface, Hugo se contente de noter : « *Dans l'histoire comme dans le drame, Charles II d'Espagne n'est pas une figure, c'est une ombre.* »

Salluste commence par opposer, à l'argumentation de Ruy Blas, une fin de non-recevoir, puis enfin, il répond. On notera qu'il n'oppose pas à ceux de Ruy Blas des arguments qui seraient de nature identique ; il déplace au contraire les critères de référence. On retiendra cette formule (v. 1364-1365) :

Le bel air que celui d'un redresseur d'abus
Toujours bouffi d'orgueil et rouge de colère !

C'est une caricature de Ruy Blas, une caricature de l'homme du peuple qui « se prend au sérieux ». Gageons également que c'est la caricature que l'on devrait faire ou que l'on fera de Victor Hugo lui-même. Cette image est intéressante par ce qu'elle indique du tempérament de Salluste lui-même en tant que représentant des nobles. Il y a dans son attitude toute l'ironie méprisante et tout le cynisme attachés à une caste. Il n'est pas de bon ton de s'indigner, d'avoir un idéal et de chercher à le défendre : ces arguments ne sont-ils pas, par avance, ceux dont la critique usera à la création de la pièce ? Le discours blasé de Salluste renvoie à toute une attitude politique, n'appartenant pas seulement au XVIIe siècle espagnol, qui, au nom d'une méfiance avouée à l'égard des idéaux, sous couvert d'un pragmatisme de bon aloi, ne fait que cautionner ce qui est, sans aucune velléité de rien changer et principalement lorsque les intérêts personnels sont garantis. On peut comparer avec profit le laisser-aller de Salluste, à ce moment-là, avec l'énergie qu'il déployait au lever du rideau lorsqu'il s'agissait de sa disgrâce.

Cette rencontre entre Salluste et Ruy Blas, alors que ce dernier touche à sa plus grande félicité, a un impact dramatique certain et l'on voit tous les effets que Hugo sait en tirer. Est-ce à dire que ce moment n'est à lire que sur le plan événementiel et anecdotique ? probablement pas.

Les forces en présence sont disproportionnées : celles qui précipitent le pouvoir dans la décadence sont toutes puissantes, Salluste n'est qu'un noble parmi tant d'autres qui partagent le même point de vue et usent de la même argumentation. Ruy Blas est un individu isolé et donc privé de tout soutien. Le face à face de don Salluste et Ruy Blas peut se lire comme celui des enthousiastes et des rieurs, ceux-ci condamnant toujours ceux-là au silence au nom d'un scepticisme égoïste.

On ajoutera que, dans cette logique, les individus comme don César font le jeu des gens en place. Au lieu de lutter contre ce qu'ils détestent (*cf.* l'opinion que César a de Salluste), ils se retirent de la sphère du pouvoir et se condamnent à la marginalité, inféconde puisque privée de tout moyen d'agir.

La médiation de l'amour : un espoir relatif

•

Dans l'analyse que nous venons de faire des forces en présence dans *Ruy Blas,* tout se joue sur le plan politique. On pourrait alors s'interroger sur la nécessité du personnage de la reine. Est-il, comme certains critiques l'ont pensé, regrettable que Victor Hugo ait cru devoir doubler l'intrigue politique d'une intrigue amoureuse[1] ? En fait, les deux intrigues sont plus liées qu'on ne pourrait le penser.

Hugo s'en explique dans sa préface : *« Au-dessus de ces trois hommes* [...] *il y a une pure et lumineuse créature, une femme, une reine* [...] *regardant en bas pendant que Ruy Blas, le peuple, regarde en haut. »* L'adverbe employé, *« au-dessus »*, marque bien la place à donner à ce personnage : il participe d'une certaine transcendance. Le statut de reine lui vaut une place toute particulière : elle est à la fois très haut placée dans la hiérarchie de l'État et néanmoins totalement privée de pouvoir direct, comme le montre à l'évidence l'acte II où elle est rappelée à l'ordre par la duchesse d'Albuquerque au nom de la sacro-sainte étiquette. Elle ne participe en rien à la lutte politique, et c'est en cela qu'elle est *« au-dessus »* comme le note Victor Hugo.

En revanche, Hugo lui confie un rôle capital pour le sujet qui nous occupe : c'est elle qui fait de Ruy Blas un puissant. À l'acte III, Arias rappelle d'une façon un peu triviale la situation des personnages : *« Elle règne sur nous, et don César* [Ruy Blas] *sur elle ! »* (v. 989.) Cette relation paraît somme toute banale, c'est celle de la reine qui confie le pouvoir à son amant[2] : l'originalité, ici, tient dans le fait que Ruy Blas n'est pas l'amant de la reine. Soit, mais elle en est amoureuse, pourrait-on dire ; c'est précisément cet amour qui, loin d'être aveugle suivant la réputation qu'on lui fait, voit plus loin que les apparences qui arrêteraient la vue des autres. Elle voit en lui, malgré sa simple situation d'écuyer (c'est dans cet état qu'elle le rencontre) l'homme d'État qu'il peut être : l'amour qu'elle lui porte va tout autant à ses mérites qu'à son pouvoir de séduction.

Lorsque Hugo lui fait dire : *« Où Dieu t'aurait dû mettre, une femme te met »* (v. 1248), ce n'est pas une formule hyperbolique qui se contente de dire son amour, c'est bien une réalité que le dramaturge souhaite exprimer. L'amour est élection et discerne-

---

1. Dans *Lorenzaccio,* par exemple, aucune intrigue amoureuse : toute la conduite du héros n'est que politique, au sens large du terme cependant.
2. Hugo connaît fort bien cette situation qu'il a utilisée dans *Marie Tudor* : la reine a un amant et en fait un favori, Fabiani.

ment. Nous pouvons même prolonger la réflexion que la reine ne peut faire : à l'erreur de Dieu qui a fait de Ruy Blas un laquais, la reine en fait un roi, ce qui est beaucoup plus conforme à son être. La création de ce personnage de la reine dans *Ruy Blas* participe d'une interrogation hugolienne sur la femme, que l'on ne peut ici qu'évoquer succinctement, mais dont on peut dire, de façon schématique, qu'elle correspond à une réflexion fondée sur le fait que la femme participe du mystère de la Création et que par cela, elle est au-delà de la seule nature humaine.

La reine n'est pas cependant une abstraction allégorique : sa conduite est très souvent celle d'un personnage bien humain. Particulièrement dans la scène finale, Hugo la montre dépitée d'avoir aimé un laquais ; les toutes dernières répliques de la pièce font rebondir le débat qui nous intéresse ici. En l'appelant « Ruy Blas », la reine redonne au héros sa dignité : il n'est plus le laquais qui a usurpé une place qui ne pouvait être la sienne ; elle reconnaît qu'il y a parfaite adéquation entre Ruy Blas, c'est-à-dire l'homme du peuple, et l'homme qu'elle a reconnu comme susceptible de pouvoir sauver l'Espagne. Certes, le héros meurt sans que l'œuvre soit accomplie, mais cette reconnaissance sonne comme une promesse : le temps de cette reconnaissance du pouvoir de l'homme du peuple viendra.

CONCLUSION

Les héros hugoliens sont souvent des êtres de foi ; celle de Ruy Blas peut se dessiner comme celle de l'avènement du peuple, parce que là est le progrès. Si cette thèse n'est qu'entraperçue, qu'ébauchée, c'est sans doute parce qu'en 1838 la pensée politique de Hugo n'est pas encore aboutie.

Dans *Quatrevingt-treize*, œuvre de la maturité, Victor Hugo mettra en scène un frère de Ruy Blas et de don César qu'il appellera Gauvain ; le parcours de ce dernier reproduira à rebours celui du laquais : Gauvain est noble de naissance, comme César, mais, loin de se marginaliser, il épouse la cause du peuple, celle de la Révolution. Ruy Blas avait fait la preuve qu'il était impossible de lutter pour le peuple avec les armes des aristocrates, Gauvain luttera pour le peuple avec les armes du peuple, mais en s'opposant à l'intolérance quelle qu'elle soit. La pensée politique de Hugo se dévoile : *« Vous rêvez l'homme soldat, je rêve l'homme citoyen. Vous le voulez terrible, je le veux pensif. Vous fondez une république de glaives,* [...] *je fonderai une république d'esprits*[1]. » Gauvain meurt sans avoir réalisé ce rêve, mais, en 1874, Hugo, lui, le croit possible.

1. *Quatrevingt-treize*, coll. « Folio », Gallimard, p. 471.

ALEXANDRIN

•

Don Guritan : *Je...*
La reine : *Non.*
Don Guritan : *Mais.*
La reine : *Partez!*
Don Guritan : *Si.*
La reine : *Je vous embrasserai!*
(II, 5, v. 972.)

• **Dans l'œuvre** : Hugo revient à l'alexandrin qu'il affectionne, mais il le veut souple et susceptible de rendre tous les tons. Dans *Ruy Blas*, en effet, il en tire des effets multiples.

– Effet cocasse (v. 1946) :

Dont la barbe fleurit et dont le nez trognonne!...

– Contre-rejet (v. 291) :

Oui, nous partagions tout. Puis enfin arriva
L'heure triste où chacun de son côté s'en va.

– Rejet (v. 1377 et 2135) :

– Vous n'êtes pas un sot; faut-il qu'on vous guérisse
Du pathos? [...]
– Tous mes gens sont restés dehors. On ne sait rien
De ceci [...]

– Enjambement (v. 1126) :

Hélas! les paysans qui sont dans la campagne
Insultent en passant la voiture du roi.

– Rythme binaire (v. 2248) :

Vivant, par son amour, mourant, par sa pitié!

– Rythme ternaire (v. 1144) :

Car l'Espagne se meurt, car l'Espagne s'éteint!

• **Rapprochements** : Hugo a lui-même hésité entre drame en prose *(Marion de Lorme, Lucrèce Borgia)* et drame en vers *(Hernani, Le Roi s'amuse)*. On le sent cependant plus à l'aise en cette dernière forme qu'il défend dans la préface de *Cromwell* (Garnier-Flammarion, 1968, p. 96) :

On sent que la prose, nécessairement plus timide, obligée de sevrer le drame de toute poésie lyrique ou épique, réduite au dialogue et au positif, est loin d'avoir ses ressources.

Les drames contemporains sont le plus souvent composés en prose : *Chatterton* d'**Alfred de Vigny** (1835), *Leo Burckart* de **Gérard de Nerval** (1838), la presque totalité de l'œuvre d'**Alfred de Musset**, dont *Lorenzaccio* (1834), *Antony* d'**Alexandre Dumas** père (1831).
Le théâtre classique – la tragédie et la grande comédie – était rédigé en

vers alexandrins, et l'écriture romantique cherche naturellement à rompre avec cette pratique, à l'exception de Victor Hugo.

Après Hugo, seul **Edmond Rostand** cherchera à recueillir l'héritage de l'alexandrin hugolien ; la versification qu'il pratique dans *Cyrano de Bergerac* (1897), *L'Aiglon* (1900) ou *Chantecler* (1910) est tout à fait dans la veine de celle de Victor Hugo, multipliant les audaces, les contrastes, les épanchements lyriques, l'ampleur épique.

Dans la première moitié du xxe siècle, **Paul Claudel**, héritier lui aussi du théâtre romantique, composera ses drames en versets, forme plus souple que l'alexandrin et permettant cependant les effets poétiques :

> Amalric :
> *Et cependant Ysé, Ysé, Ysé,*
> *Cette grande matinée éclatante quand nous nous sommes [rencontrés !*
> *Ysé, ce froid dimanche éclatant, à dix heures sur la mer !*
> *Quel vent féroce il faisait dans le grand soleil !*
> *Comme cela sifflait, et cinglait, et comme le dur mistral hersait l'eau cassée,*
> *Toute la mer levée sur elle-même, tapante, claquante, ruante dans le soleil, détalant dans la tempête !*

Paul Claudel, *Partage de Midi*,
coll. « Folio », Gallimard, 1949, p. 32.

COSTUME

•

Don César ? – Regardez son manteau, s'il vous plaît.
Vous trouverez SALLUSTE écrit sous le collet.
C'est un manteau qu'il vient de me voler.
(Salluste, IV, 8, v. 1999-2001.)

• **Dans l'œuvre** : le costume joue un rôle essentiel dans l'économie dramatique de *Ruy Blas*. C'est d'abord toute la thématique de la livrée que porte le héros, au début et à la fin de la pièce. Cette livrée est beaucoup plus qu'un accessoire de scène, elle devient valeur symbolique d'une condition, d'une servitude. Elle est aussi une sorte de point de démarcation. Ruy Blas, en la quittant, entre dans un rêve ; il la retrouve à la sortie du rêve (IV, 1, v. 1516) :

> *– C'est fini. Me voilà retombé ! De si haut !*
> *Si bas ! J'ai donc rêvé !* [...]

Don César, également, a un rapport étroit au costume : le pourpoint* du duc d'Albe qu'il a volé (v. 130 *sqq.*), le manteau de Salluste qu'il revêt à l'acte IV (v. 1595). Ce jeu sur le costume convient à ce personnage sur le plan psychologique et social, mais c'est aussi une façon de rendre problématique l'identité de celui qui est à la fois Zafari et César de Bazan, *« frère »* de Ruy Blas et cousin de Salluste.

Hugo, en dramaturge habile à trouver l'effet, use également de contrastes efficaces sur le plan scénique : ainsi, à la scène 5 de l'acte III, Salluste, vêtu en laquais, reprend son ascendant sur Ruy Blas vêtu en grand* d'Espagne. Dans l'ensemble de la pièce, on notera que Hugo n'introduit jamais un personnage important sans donner des indications sur son costume : il est un élément de dramaturgie aussi important que le décor, les accessoires.

• **Rapprochements** : l'intérêt du dramaturge porté aux costumes de ses personnages est relativement nouveau à l'époque romantique. Dans l'univers du théâtre classique, les indications sont très rares. Dans *Le Misanthrope* de Molière, Célimène évoque par périphrase le héros, Alceste (acte V, dernière scène) : *« Pour l'homme aux rubans verts, il me divertit quelquefois* [...] »
Dans *Phèdre* de Racine, l'héroïne entre en scène et se plaint d'étouffer dans son vêtement (*cf.* Salluste, v. 26-27) : *« Que ces vains ornements, que ces voiles me pèsent! »* (I, 3.)
Mais on sait d'autre part que la créatrice du rôle, la Champmeslé, portait *« une robe de velours amarante brodée d'entrelacs d'argent, le haut diadème surmonté de plumes, enrichi de diamants »* [1].
Dans les théâtres élisabéthain et du Siècle d'or, dont les romantiques se disent les héritiers, les indications de costumes sont assez rares aussi, mais toujours très signifiantes. Dans *Le Roi Lear*, Shakespeare fait entrer son héros devenu fou à l'acte IV, scène 6 et précise en didascalie : *« Entre Lear, couronné de fleurs et d'orties. »* [2]
Dans *La Vie est un songe*, Calderón note à l'entrée de son héros : *« Apparaît Segismundo enchaîné,* [...] *et vêtu de peaux de bêtes. »* [3]
Avant Hugo, Beaumarchais est également très attentif aux costumes de ses personnages; le texte du *Mariage de Figaro* est précédé de plusieurs pages intitulées : *« Caractères et habillements de la pièce »* [4], mais il s'agit plus d'un souci de pittoresque que de dramaturgie.

DIDASCALIE

Ruy Blas obéit, puis, sur un signe de don Salluste,
il sort par la porte du fond; don Salluste va à la fenêtre.
(Première didascalie, acte I, scène 1.)

• **Dans l'œuvre** : Hugo use très largement de la didascalie; chaque acte est introduit par des indications qui précisent la plantation du décor, de

1. Cité par Paul Blanchart in *Histoire de la mise en scène*, Librairie théâtrale et Presses Universitaires de France, 1948, p. 61.
2. Shakespeare, « Le roi Lear », in *Œuvres complètes*, Club Français du Livre, 1968, tome IX, page 759 (traduction Armand Robin).
3. Calderón, *La Vie est un songe*, coll. « Classiques », Hachette, 1996, p. 15.
4. *Théâtre* de Beaumarchais, Garnier, 1980, p. 167.

façon assez précise sur le plan spatial, puis des indications concernant l'entrée des personnages ou leur situation au moment où le rideau se lève. Il indique également dans les scènes, des déplacements, des attitudes, des expressions de visage : *« La duchesse prend la lettre et la déploie lentement. »* (v. 815); *« Ruy Blas, d'une voix grave et basse. »* (v. 2213.)
La didascalie devient indispensable, bien sûr, lorsqu'il s'agit des muets (v. 1822) : *« Le Noir fait un signe de tête affirmatif. »*
Globalement, on peut voir dans cette écriture des didascalies un véritable souci de metteur en scène : Hugo prévoit les effets, les indique. Il faut se souvenir que le métier de metteur en scène n'existe pas et que c'est très souvent l'auteur et le comédien qui joue le rôle principal, qui en assument la fonction : la notion de mise en scène n'existe pas non plus, il s'agit beaucoup plus d'une mise en place. Pour la création de *Ruy Blas*, Hugo et Frédérick Lemaître, qui créa le personnage titre, l'assureront.

• **Rapprochements** : dans le théâtre classique, la didascalie est rare ; fréquente en comédie, elle est presque inexistante en tragédie. On retiendra, à titre d'exception, celle qui apparaît dans *Phèdre* : *« Elle s'assied »*, il s'agit de l'héroïne à l'acte I, scène 3. Généralement, le dramaturge se contente d'indiquer la personne à qui le personnage s'adresse s'il sont plus de deux sur scène ainsi que les éventuels apartés.
Dans ce domaine, Beaumarchais et Diderot sont des novateurs. Ils introduisent toutes les indications de jeu, de ton, de rythme.
Au XXe siècle, les attitudes sont variées. Face à des dramaturges comme Giraudoux, Claudel, qui en usent peu, Beckett ou Ionesco en font un usage très important, parfois original. Dans *La Dernière Bande*, par exemple, Beckett ouvre sa courte pièce de vingt-six pages par une didascalie de quatre pages et demie ; dans le reste de la pièce, le texte du personnage unique sera largement minoritaire par rapport aux didascalies[1]. Ionesco, en ce qui le concerne, dans *La Cantatrice chauve*, propose des indications de scène pour le moins curieuses : *« Un autre moment de silence. La pendule sonne sept fois. Silence. La pendule sonne trois fois. Silence. La pendule ne sonne aucune fois. »*[2]

1. Samuel Beckett, *La Dernière Bande*, Éditions de Minuit, 1960.
2. Ionesco, « La cantatrice chauve », in *Théâtre I*, Gallimard, 1969, p. 22.

ESPAGNE

•

« L'Espagne et sa vertu, l'Espagne et sa grandeur,
Tout s'en va. – [...] »
(Ruy Blas, III, 2, v. 1068.)

• **Dans l'œuvre** : le pays où se déroule l'action de *Ruy Blas* n'est pas le résultat d'un choix arbitraire. Victor Hugo y trouve, sur le plan de l'histoire, une situation particulièrement intéressante pour son propos. En 1698, date à laquelle se déroule l'action, l'Espagne, sous le gouvernement de Charles II, connaît les dernières années de ce que l'on a appelé le Siècle d'or ; politiquement, ce siècle culmine avec le règne de Philippe II. C'est donc une Espagne qui s'écroule sous un passé glorieux. Charles II meurt sans descendance et le trône revient au petit-fils de Louis XIV. Comme Hugo le précisait dans sa préface, le soleil de la maison d'Autriche, qui avait fait la gloire de l'Espagne, se couche dans *Ruy Blas*.
Outre cet aspect historique qui provoque la méditation politique du dramaturge, Hugo trouve aussi dans l'Espagne un aliment de choix pour donner à voir du pittoresque à son spectateur. Notons cependant que jamais *Ruy Blas* ne tombe dans « l'espagnolade » convenue et stéréotypée : pas de scènes de rues faciles, pas d'éléments qui relèvent d'un folklore caricatural. Tout se concentre au contraire sur l'univers de la cour, et le pittoresque réside alors plutôt dans la mise en scène d'une étiquette fort rigide et historiquement attestée.

• **Rapprochements** : l'Espagne tient une place particulière dans la vie et l'œuvre de Victor Hugo. Lui-même se plaît à préciser qu'il est né *« dans Besançon, vieille ville espagnole »*. Il vit même en Espagne, de 1811 à 1812, alors que son père, le général Hugo, y est en mission :

> *Obscurément, Hugo ressentait la nécessité du paysage espagnol et jusqu'aux sonorités de la langue. Même parvenu à son extrême vieillesse, ses carnets intimes seront criblées de notes en espagnol.*
> Alain Decaux, *Victor Hugo*,
> Perrin, 1984, p. 103.

Si l'on s'en tient simplement à son œuvre théâtrale, il faut citer, en plus de *Ruy Blas*, *Hernani* (1830) et *Torquemada* (1869), ce dernier drame que Hugo consacre au grand inquisiteur espagnol. On peut remarquer que les trois œuvres dramatiques que l'Espagne inspire à Victor Hugo sont centrées sur une époque unique, celle de la grandeur de l'empire espagnol. Hugo éprouve à l'égard de ce pays une fascination évidente, qui n'exclut pas une forme d'horreur, puisque l'Espagne est aussi le pays de l'intolérance religieuse poussée à ses limites les plus extrêmes.
L'Espagne représente, pour la littérature française romantique, une source d'inspiration très féconde ; **Musset** exploite cette veine, tout en s'en moquant dans les *Contes d'Espagne et d'Italie* (1830). **Théophile Gautier** s'y rend pour un voyage dont il consigne les impressions dans *Voyage en*

Espagne (1840). **Charles Nodier** y puise l'inspiration de l'un de ses contes fantastiques les plus justement célèbres, *Inès de Las Sierras* (1837). **Mérimée**, plus que tout autre, est marqué par l'Espagne qu'il visite (la première fois en 1830) et à laquelle il consacre des *Lettres* publiées dans la presse à partir de 1831, avant de créer l'illustre *Carmen* (1845).
Au siècle suivant, on pourra retrouver le même culte pour l'Espagne, mais pour des raisons sensiblement différentes, chez **Henry de Montherlant**, à travers son théâtre : *Le Maître de Santiago* (1945), *Don Juan* (1958), *Le Cardinal d'Espagne* (1960) mais aussi ses récits *Les Bestiaires* (1926), *La Petite Infante de Castille* (1929).

GROTESQUE

•

[...] *Dans un bouge*
À côté, tu verras un gros diable au nez rouge,
Coiffé jusqu'aux sourcils d'un vieux feutre fané
Où pend tragiquement un plumeau consterné,
La rapière à l'échine et la loque à l'épaule.
(Don César, IV, 3, v. 1745-1749.)

• **Dans l'œuvre** : il ne faudrait pas confondre comique et grotesque. Le grotesque s'apparente au dérisoire et au difforme ; il peut à ce titre provoquer le rire, mais il n'est pas lié à la joie pour autant.
On a coutume de dire que Victor Hugo a concentré le grotesque de *Ruy Blas* dans l'acte IV, mais ce n'est que partiellement vrai ; ce qui relève le plus du grotesque, en cet acte, concerne la mort de Guritan. Lorsque Salluste demande à César ce qu'il en a fait, il lui répond (v. 1956) : « *J'ai tué cet oison* », puis précisera (v. 1957) : « [...] *Là, sous le mur, à cette heure, il expire.* » Que la mort d'un homme puisse donner lieu à une telle désinvolture relève du grotesque. Mais au sein de l'acte V, acte le plus pathétique, le grotesque a sa place : lorsque Ruy Blas laisse tomber sa robe pour se montrer à la reine, vêtu de sa livrée de laquais (v. 2145), l'effet est grotesque, mais on ne rit pas. Le grotesque peut aussi être un effet d'écriture : Hugo ose achever le grand discours de Ruy Blas, où brillent les mille feux de l'éloquence, par ce vers (v. 1158) tournant en dérision l'état actuel de l'aigle impérial qui : « *Cuit, pauvre oiseau plumé, dans leur marmite infâme !* » La chute est assurément grotesque.
Le grotesque comporte toujours, tel que le comprend Hugo, une part de provocation à l'égard de ce qu'il est de bon ton d'appeler le goût.

• **Rapprochements** : c'est dans la préface de *Cromwell* (1827) que Hugo a théorisé cette notion de grotesque. C'est pour lui une sorte de contre-culture d'essence populaire qui, contrairement au « beau » classique, ne sélectionne pas, n'épure pas. Le grotesque accueille aussi le « bas » et le « laid » ; « *d'une part, il crée le difforme et l'horrible ; de l'autre, le comique et*

le bouffon». (Garnier-Flammarion, 1968, p. 71.) Sganarelle, Polichinelle sont grotesques.
C'est naturellement dans Shakespeare que Hugo puise ses références grotesques : c'est le Caliban de *La Tempête*, mais ce sont aussi les sorcières de *Macbeth*.
Hugo s'attachera également à donner vie à des créatures romanesques de cette veine grotesque : on songe aux plus célèbres d'entre elles : Quasimodo dans *Notre-Dame de Paris* (1831) ou Gwynplaine dans *L'Homme qui rit* (1869).
Voici un échantillon d'esthétique grotesque chez Hugo :

> *Une grosse tête hérissée de cheveux roux; entre les deux épaules, une bosse énorme dont le contre-coup se faisait sentir par devant; un système de cuisses et de jambes si étrangement fourvoyées qu'elles ne pouvaient se toucher que par les genoux, et, vues de face, ressemblaient à deux croissants de faucilles qui se rejoignent par la poignée; de larges pieds, des mains monstrueuses; et avec toute cette difformité, je ne sais quelle allure redoutable de vigueur, d'agilité et de courage; étrange exception à la règle éternelle qui veut que la force, comme la beauté, résulte de l'harmonie. Tel était le pape que les fous venaient de se donner.*
> *On eût dit un géant brisé et mal ressoudé.*

«Notre-Dame de Paris», in *Œuvres complètes*,
Le Club Français du Livre, 1967, tome IV, p. 53.

Parallèlement, c'est le même esprit qui guide **Baudelaire**, héritier du romantisme, lorsqu'il consacre quelques pages fameuses au rire, intitulées *De l'essence du rire* (1855). On retiendra cette formule qui n'est pas très éloignée de la conception hugolienne :

> *Le rire humain est intimement lié à l'accident d'une chute ancienne, d'une dégradation physique et morale. Le rire et la douleur s'expriment par les organes où résident le commandement et la science du bien ou du mal : les yeux et la bouche.*

«De l'essence du rire», in *Curiosités esthétiques*,
Henri Lemaître, coll. «Classiques Garnier», 1983, p. 245.

Il serait assez aisé de montrer combien le théâtre qui nous est contemporain cultive une forme proche du grotesque cher à Victor Hugo et que l'on appelle «absurde» : la monstruosité, chez Ionesco, est comique et effrayante à la fois.

LAQUAIS

•

En livrée! un laquais! être un laquais pour elle!
(Ruy Blas, I, 3, v. 429.)

• **Dans l'œuvre** : le choix de Hugo concernant le métier de son héros est d'une grande richesse dramatique. Il est d'un degré encore inférieur à celui de valet ; le valet peut être confident, le laquais est réduit à une fonction. La première réplique de la pièce est à cet égard une trouvaille remarquable :

Salluste : *Ruy Blas, fermez la porte, – ouvrez cette fenêtre.*

Le laquais est d'emblée défini comme celui qui ouvre et ferme les portes ou fenêtres. Il est parfaitement mécanisé. Dans une première version des scènes 1 et 2, Hugo n'avait pas fait intervenir Gudiel ; Ruy Blas devenait interlocuteur potentiel. Dans la version définitive, la présence de Gudiel, le valet-confident rejette Ruy Blas encore plus bas. Ruy Blas appartient véritablement à Salluste, son maître (acte IV, scène 1, v. 1520-1521) :

Ruy Blas : *Dans ma vie et dans moi, comme en cette maison,*
Il est maître. [...]

Le contraste avec la situation de premier ministre n'en sera que plus fort sur les plans dramatique et symbolique. Toute la force dramatique de la scène finale réside dans ce retour brutal à l'état de laquais auquel Ruy Blas est condamné, et cela devant la reine (acte V, scène 3, v. 2145-2146) :

Ruy Blas : [...] *Je dis que je me nomme*
Ruy Blas, et que je suis le valet de cet homme !

• **Rapprochements** : le personnage de Ruy Blas s'apparente donc à toute une riche tradition de valet de comédie, à cela près, et ce n'est pas la moindre originalité du personnage, que Hugo en fait un valet pathétique et non comique.
L'un des traits les plus caractéristiques de cet emploi du valet de comédie est sa tentation d'usurper le rôle de son maître. C'est le cas dans *Les Précieuses ridicules* (1659) que Hugo lui-même a reconnu comme une source possible de Ruy Blas[1]. Jodelet et Mascarille ont tenté de prendre auprès des belles précieuses la place de leur maître ; voici en quels termes ils sont démasqués :

Du Croisy : *Comment ! Mesdames, nous endurerons que nos laquais soient mieux reçus que nous ? Qu'ils viennent vous faire l'amour à nos dépens, et vous donner le bal ?*
Magdelon : *Vos laquais ?*
La Grange : *Oui, nos laquais.*

Molière, *Les Précieuses ridicules*, acte XV.

C'est une situation très fréquente également dans les comédies de Marivaux. Dans *Le Jeu de l'amour et du hasard* (1730), Arlequin doit se faire passer pour Dorante, son maître, à la demande de ce dernier : ainsi, Dorante pense pouvoir mieux observer sa future fiancée ; bien entendu,

---

1. *Cf.* Sources et genèse, pp. 214 à 220.

celle-ci a eu la même idée ! Dans une scène fort célèbre, les deux valets déguisés en maîtres finissent par découvrir mutuellement la supercherie :

> Arlequin : *Haïssez-vous la qualité de soldat ?*
> Lisette : *Qu'appelez-vous un soldat ?*
> Arlequin : *Oui, par exemple, un soldat d'antichambre.*
> *Lisette : Un soldat d'antichambre ! Ce n'est donc point Dorante à qui je parle enfin ?*
> Arlequin : *C'est lui qui est mon capitaine.*
> Lisette : *Faquin !*
> Arlequin *à part* : *Je n'ai pas pu éviter la rime* [avec Arlequin].[1]
> Marivaux, *Le Jeu de l'amour et du hasard,* acte III, scène 6.

L'un des plus illustres valets de comédie est probablement Figaro, le héros de **Beaumarchais**. Il a en commun avec Ruy Blas d'exercer un regard critique sur la société qui l'entoure, et principalement sur les nobles :

> Figaro : *Tenez, Monseigneur, n'humilions pas l'homme qui nous sert bien, crainte d'en faire un mauvais valet.* [...]
> Le Comte : *Une réputation détestable !*
> Figaro : *Et si je vaux mieux qu'elle ? Y a-t-il beaucoup de seigneurs qui puissent en dire autant ?*
> Beaumarchais, *Le Mariage de Figaro*, 1781, acte III, scène 5[2].

L'emploi de valet de comédie est très largement représenté dans le répertoire jusqu'à la Révolution : il est une voix contestatrice, et c'est à ce titre que les dramaturges l'utilisent. Après 1789, il devient plus rare ; Hugo lui redonne vie avec Ruy Blas dans un registre ou l'emploi se fait personnage à part entière, dépassant tous les stéréotypes hérités de la tradition.

Au-delà du XIXe siècle, il convient de signaler la pièce de **Bertolt Brecht**, écrite en 1940 : *Maître Puntila et son valet Matti*. Dans un contexte de luttes de classes, le personnage du valet porte-parole du prolétariat acquiert, sous l'égide de l'idéologie marxiste, une nouvelle actualité. Les dernières paroles du valet, qui terminent la pièce, livrent clairement les intentions de Brecht :

> *Il est temps que tes valets* [il s'adresse à Puntila] *te tournent le dos.*
> *Un bon maître, ils en auront un*
> *Dès que chacun sera le sien*[3].

1. « Le jeu de l'amour et du hasard, », in *Théâtre complet*, tome I, Garnier, 1980.
2. « Le mariage de Figaro », in *Théâtre* de Beaumarchais, Garnier, 1980.
3. *Maître Puntila et son valet Mati*, in *Bertolt Brecht, Théâtre complet*, L'Arche, 1976, tome V (traduction Michel Cadot).

LETTRE

•

La reine : *Une lettre.*
Ruy Blas : *De moi !*
La reine : *De votre main écrite.*
(V, 2, v. 2066.)

• **Dans l'œuvre** : dans l'intrigue de *Ruy Blas*, la lettre joue un rôle de toute première importance.
C'est par le biais de la lettre et de son écriture que la reine identifie Ruy Blas comme étant le jeune inconnu qui l'aime (acte II, scène 3, v. 826) :

Est-ce une illusion ? c'est la même écriture
Que celle de la lettre ! [...]

C'est par une lettre cocasse que la reine réussit à éloigner Guritan, dangereux pour Ruy Blas (acte IV, scène 5, v. 1877-1879) :

On m'envoie à Neubourg, d'une manière adroite,
Porter ces quatre mots écrits dans une boîte :
« Gardez le plus longtemps possible ce vieux fou. »

C'est par une lettre que Ruy Blas cherche à éloigner la reine du piège que lui tend Salluste (acte IV, scène 1, v. 1545-1546) :

Qu'il donne ce mot à la reine, – et qu'il veille !
(Il écrit rapidement sur son genou.)
– « Croyez don Guritan, faites ce qu'il conseille ! »

C'est aussi et surtout par les deux lettres que Salluste fait écrire à Ruy Blas (acte I, scène 4) qu'une première étape du dénouement peut s'accomplir (acte V, scène 2). Toute la vengeance de Salluste est liée à ces deux lettres.

• **Rapprochements** : le procédé qui consiste à utiliser une lettre comme élément d'intrigue n'est pas rare. La lettre est considérée comme le lieu d'un épanchement sincère que la conversation ne permet pas toujours ; dans le monologue épistolaire, le scripteur n'a rien à craindre du regard du destinataire, il écrit ce qu'il n'oserait dire. On peut, dès lors, mesurer le parti qu'un dramaturge tirera des interceptions de lettres ; une tierce personne pénètre dans une intimité à laquelle elle est théoriquement étrangère.
Dans *Le Misanthrope*, c'est à cause des lettres de Célimène que celle-ci se trouve confondue publiquement et par suite abandonnée de tous.
Dans *Le Mariage de Figaro*, un billet du comte à Suzanne permettra à tout l'acte V de prendre corps, multipliant les rendez-vous, les travestis, les quiproquos dignes d'achever cette « folle journée ».
Comme Molière, Marivaux également utilise cet élément d'intrigue : *La Seconde Surprise de l'amour* (1727), *Les Fausses Confidences* (1737).
On soulignera que c'est plutôt dans la comédie, même si la lettre ne constitue pas un élément comique en soi, que celle-ci est employée ; à l'époque de Hugo, le mélodrame en fait également un usage important.

SUBLIME

•

Cet ange, qu'à genoux je contemple et je nomme,
D'un mot me transfigure et me fait plus qu'un homme.
Donc je marche vivant dans mon rêve étoilé!
(Ruy Blas, III, 4, v. 1289-1291.)

• **Dans l'œuvre** : il est caractéristique de moments d'élévation où le spectateur et le personnage doivent avoir le sentiment d'atteindre à un niveau de plénitude qui dépasse la sphère de l'humain. La notion de sublime ne peut être statique, elle est intensive.

On ne s'étonnera pas que, dans ce contexte définitionnel, le sublime naisse souvent dans *Ruy Blas* de l'union de l'expression poétique et de l'expression de l'amour. L'amour comme la poésie transportent vers des sphères supérieures et semblent faire reculer les limites de la simple humanité. Ainsi l'élan d'amour et de souffrance jalouse exprimé par Ruy Blas, au premier acte, peut participer de ce sublime dramatique (v. 421-427) :

– Oh! mon âme au démon! je la vendrais, pour être
Un des jeunes seigneurs que, de cette fenêtre,
Je vois en ce moment, comme un vivant affront,
Entrer, la plume au feutre et l'orgueil sur le front!
Oui, je me damnerais pour dépouiller ma chaîne,
Et pour pouvoir comme eux m'approcher de la reine
Avec un vêtement qui ne soit pas honteux!

• **Rapprochements** : c'est encore dans la préface de *Cromwell* que Hugo pose le sublime comme le corollaire indispensable du grotesque. L'alliance de l'un et de l'autre fonde le ton propre au drame romantique : *« Shakespeare, c'est le drame; et le drame, qui fond sous un même souffle le grotesque et le sublime, le terrible et le bouffon, la tragédie et la comédie. »* (Garnier-Flammarion, 1968, p. 75.)

Cette notion de sublime est moins originale que celle de grotesque, et Hugo en hérite en grande partie du théâtre cornélien. Cependant, chez **Corneille**, il semble que la notion ne recouvre pas totalement la même réalité. Le sublime cornélien se définit bien plus selon des critères moraux, au moins dans un premier temps. Le héros cornélien touche au sublime lorsque sa valeur l'élève au-dessus de l'humain : ainsi Auguste, dans *Cinna*, touche au sublime lorsqu'il décide, contre toute logique apparente, de pardonner à ceux qui ont comploté contre lui. Il agit non plus conformément à une logique de l'acte rigoureusement humaine, mais suivant une inspiration de générosité inattendue. Le sublime conduit à l'admiration chez Corneille, au ravissement chez Hugo.

Il est malaisé à un dramaturge de chercher à atteindre ce sublime s'il n'est pas également poète; non pas que le sublime soit le résultat d'un usage poétique de la langue; il peut naître d'une langue quotidienne, mais qui

doit atteindre une justesse de ton parfaite. La recherche systématique de la formule risque de faire sombrer l'expression dans le ridicule.
Un dramaturge, doublé d'un authentique poète, comme Paul Claudel, a su, à son tour, hisser son expression dramatique à ces hauteurs toujours périlleuses où naît le sublime.
Dans *Partage de Midi*, par exemple, les amants maudits Ysé et Mesa vont mourir, mais leur mort est aussi transfiguration :

> Ysé :
> *Maintenant regarde mon visage car il en est temps encore*
> *Et regarde-moi debout et étendue comme un grand olivier dans le rayon de la lune terrestre, lumière de la nuit,*
> *Et prends image de ce visage mortel car le temps de notre résolution approche et tu ne me verras plus de cet œil de chair!*
>
> Paul Claudel, *Partage de midi*, acte III, coll. « Folio », Gallimard, 1949, p. 149.

alcade : de l'arabe *alkadi*, le juge.
algarade : violente querelle.
alguazil : agent de police.
argousin : terme péjoratif pour désigner un alguazil.
baise-main : geste d'hommage, repris dans certaines cérémonies d'apparat.
basquine : jupe noire très ornée.
bélître : au sens premier, mendiant ; homme de rien, coquin.
billevesée : parole creuse et vaine.
brocart : étoffe de soie brochée.
calambour : bois odorant.
camerera mayor : première dame d'honneur chargée de l'étiquette, des usages de la cour.
canons : ornement de dentelles à la hauteur du genou.
chapitre : corps des chanoines d'une église cathédrale ou collégiale.
charivari : concert bruyant, tumultueux et ridicule. Mot à la mode depuis 1832, date de parution du journal satirique *Le Charivari*.
chausses : désigne à la fois les bas et la culotte d'un homme.
contaduria mayor : tribunal créé en 1574 par Philippe II et chargé des affaires financières.
coupe-jarrets : tueur à gages.
crédence : buffet ou table qui sert de desserte.
cuistre : valet de collège et, par extension, prétentieux, pédant.
dais : baldaquin, ouvrage de bois et de tapisserie suspendu au-dessus d'un trône, d'un autel, d'un lit, etc.
dameret : terme péjoratif ; jeune homme d'une élégance excessivement raffinée.
duègne : de l'espagnol *dueña* : gouvernante.
empalé : supplicié traversé par un pieu.
escopette : de l'espagnol *escopeta*, petit fusil au canon évasé.
Escurial : palais royal au nord-ouest de Madrid, construit par Philippe II.
estafier : valet armé.
estocade : coup porté avec la pointe de l'épée.
fandango : danse rapide à trois temps, rythmée avec des castagnettes.
faquin : primitivement, portefaix ; puis coquin, maraud.
flibustier : pirate, voleur, filou.
fredaine : écart de conduite sans gravité.
garrotté : embarrassé, attaché étroitement, prisonnier.
godelureau : terme péjoratif pour désigner un jeune galant.
gorgerette : collerette en lingerie fine couvrant le cou et la gorge.
grand (d'Espagne) : titre des seigneurs espagnols les plus haut placés et les plus proches du roi. Ils jouissaient de privilèges ; par exemple, ils pouvaient rester coiffés devant le roi.
grand écuyer : intendant général des écuries.
grègues : culottes bouffantes.
guet : escouade de police qui parcourt la ville la nuit.
haut-de-chausse : culotte.
haute lice (de) : de grand prix ; au sens premier, la lice est la trame d'une tapisserie.
indigo : matière colorante bleue, produite par les feuilles et les tiges des indigotiers ; par extension, cette couleur bleue.
Jeanneton : femme de mœurs légères, prostituée.
jayet : jais ; pierre noire dont on fait des bijoux ; s'écrit aussi « jaïet ».
junte : nom de certains conseils en Espagne et au Portugal.
justaucorps : vêtement serré à la taille.
lambris : revêtement des murs.
lansquenet : jeu de cartes à la mode.
leurre : à l'origine, terme de fauconnerie : morceau de tissu rouge simulant un morceau de viande et qui fait revenir le rapace sur le gant ;

piège, artifice qui sert à attirer quelqu'un pour le tromper.
majordome : officier placé à la tête des services intérieurs de la Maison du roi.
manant : paysan attaché à une terre.
mante : manteau à capuchon, sans manches.
mantille : voile de dentelle pour se couvrir la tête.
musc : substance odorante.
notaire mayor : notaire en chef.
passementé : brodé d'or.
pertuisane : hallebarde, sorte de lance à fer long muni de deux oreillons symétriques.
philtre : breuvage ayant des vertus magiques.
pilori : poteau où l'on attachait un criminel pour l'exposer à la vue du peuple.
pourpoint : vêtement d'homme qui couvre le corps, depuis le cou jusqu'à la ceinture.
rapière : épée longue et effilée.
reître : mercenaire allemand ; par extension, soldat brutal.
rond : neuf, dont les bords n'ont pas encore été usés, élimés.
sacripant : homme capable d'un mauvais coup, chenapan.
spadassin : qui porte une épée (de l'italien *spada*, « épée »).
souverain : ancienne monnaie d'or anglaise qui n'existait pas en Espagne.
surtout : veste ample jetée sur le justaucorps.
toison d'or : ordre créé en 1429 par Philippe le Bon, duc de Bourgogne, et réservé à des gentilshommes sans reproche ; l'insigne représentait un bélier d'or.
vergogne : honte, scrupule, pudeur.

Frédérick Lemaître dans le rôle de Ruy Blas.
Gravure de Charles-Michel Geoffroy. Paris, Bibliothèque nationale, Estampes.

OUVRAGES SUR RUY BLAS

- Gustave Lanson, *Victor Hugo et A. Kauffmann : note sur les origines de Ruy Blas*, RHLF, *1915*.
- *Maurice Levaillant, Ruy Blas,* édition critique, Delagrave, 1934.
- Paul Souchon, *Autour de Ruy Blas,* Albin Michel, 1939.
- Anne Ubersfeld, *Ruy Blas, édition critique*, Les Belles Lettres, 1971-1972.
- Georges Zaragoza, *Ruy Blas, étude,* coll. « Repères », Hachette, 1996.

OUVRAGES SUR LE DRAME ROMANTIQUE

- Maurice Descotes, *Le Drame romantique et ses grands créateurs*, PUF, Paris, *1967*.
- *Michel Lioure, Le Drame, de Diderot à Ionesco,* Armand Colin, 1963.
- Anne Ubersfeld, *Le Drame romantique*, coll. « Lettres SUP », Belin, 1993.

OUVRAGES SUR VICTOR HUGO

- Alain Decaux, *Victor Hugo*, Perrin, 1985.
- Hubert Juin, *Victor Hugo*, deux volumes, Flammarion, 1985.
- « Victor Hugo, raconté par un témoin de sa vie », in *Œuvres complètes,* Le Club Français du Livre (voir ci-dessous).

OUVRAGES SUR LE THÉATRE DE VICTOR HUGO

- Jean Gaudon, *Victor Hugo, dramaturge*, L'Arche, 1955.
- Anne Ubersfeld, *Le Roi et le Bouffon. Étude sur le théâtre de Hugo, de 1830 à 1839,* Librairie José Corti, Paris, 1974.

ÉDITIONS DES ŒUVRES DE VICTOR HUGO À CONSULTER

- Victor Hugo, *Œuvres complètes,* édition chronologique, publiée sous la direction de Jean Massin, Le Club Français du livre, 1967. (*Ruy Blas* dans le tome V).
- Victor Hugo, « Théâtre I et II », édition A. Ubersfeld et A. Laster, in *Œuvres complètes,* coll. « Bouquins », Robert Laffont, 1985.

Imprimé en France, **par l'imprimerie Hérissey à Évreux (Eure) - N° 99045**
Dépôt légal : 59487 - 06/2005 – Collection n° 10 - Édition n° 01
16/9181/5